★★★★★

Sabrina

Eine gelungene Geschichte,wie gewohnt im angenehmen und fesselnden Schreibstil. Wer Reue Crime mag, kommt an Ryan Green nicht vorbei. Das Buch ist durchaus sehr zu empfehlen.

★★★★★

nonestmecum

Schockierend, Herz zerreißend. Und lässt einen sprachlos zurück.

★★★★★

Frank Kupfer

Das Buch ist spannend geschrieben. Die Einblicke in die Psyche dieser Frau offenbart, dass sie das nachgelebt hat, was ihr vorgelebt wurde. Sie war gefangen in ihrer Gedankens- und Gefühlswelt.

★★★★★

Ben

Das Buch ist spannend geschrieben. Die Einblicke in die Psyche dieser Frau offenbart, dass sie das nachgelebt hat, was ihr vorgelebt wurde. Sie war gefangen in ihrer Gedankens- und Gefühlswelt.

INHALT

Einführung

Jenny lag auf dem Haufen schmutziger Kleidung, der ihr als Bett diente, und starrte auf den blauen Rauch, der an der Zimmerdecke waberte. Hier im Schlafzimmer war er schon sehr erdrückend, aber wenn sie auf den Flur hinauskroch, war er so dicht wie Nebel. Doch der Rauch hielt sie nicht wach. Sie hatte sich an ihn gewöhnt – sie hatte sich damit abgefunden, dass er alles Weiße in diesem Haus gelb verfärbte und ihre Kleidung, ihr Haar und sogar ihre Haut wie einen Aschenbecher stinken ließ.

Vom Flur aus konnte sie Stimmengewirr und das Trällern einer von Stephanies Schallplatten hören. Es gab keinen Moment, in dem die Kinder aus der Nachbarschaft nicht im Haus herumlungerten, rauchten und ihre widerlichen kleinen Geheimnisse erzählten. Für Essen war nie genug Geld da, aber Zigaretten hatten sie immer: die Besucher, die Kinder des Hauses und ... „Mom“. Jenny lauschte angestrengt, um die Stimme der alten Frau unter all dem Trubel herauszuhören. Sie war schrill, nasal und würde alles, was die Kinder sagten, mit Leichtigkeit übertönen. Doch Jenny konnte sie nicht hören.

In dem Haus gab es keine Türen, weil die Privatsphäre eine Einladung zur Sünde war. Die alte Frau schlich umher, wann immer sie sich bewegen konnte, und spähte in jede dunkle Ecke, um sich zu vergewissern, dass keines der Mädchen seine Reinheit verlor. Wenn sie etwas gesagt hätte, hätte Jenny es gehört. Aber wenn die alte Frau dort kein Gift spuckte, dann bedeutete das, dass sie jeden Moment über Jenny auftauchen konnte.

Zurückblickend waren die Schläge gar nicht so schlimm gewesen. Die Gewalt und die Grausamkeit waren das Schlimmste, was Jenny je in ihrem Leben erlebt hatte – die Striemen, die auf den Beinrückseiten zurückgeblieben waren, brannten und schmerzten bei jeder Bewegung. Doch verglichen mit dem Bösen, von dem sie jetzt wusste, dass es in jedem einzelnen Menschen im Haus unter der Oberfläche lauerte, verstand Jenny nun, dass ein paar Schläge mit einem Stock bei Weitem nicht das Schlimmste waren, was einem Menschen widerfahren konnte. Sie schloss die Augen und versuchte, sich schlafend zu stellen. Vielleicht würde die alte Frau einfach an ihr vorbeigehen, wenn sie hereinkäme und Jenny schliefe.

Als sie das nasale Geräusch schließlich heraushörte, stellten sich ihr die Nackenhaare auf – ein schrilles Keuchen, das ihrer Meinung nach eigentlich nur Hunde hören konnten. Es war das Schnarchen der alten Frau. Sie muss in ihrem Stuhl eingeschlafen sein. Jennys Augen weiteten sich und sie atmete erleichtert auf, obwohl die Gefahr noch nicht gebannt war: Jedes der Monster im Haus konnte sie immer noch jederzeit quälen, aber es gab Grenzen, wie weit sie ohne Erlaubnis gehen würden. Die alte Frau war vielleicht nur Haut und Knochen, aber sie konnte mit einem Blick oder einem Wort jedes der Kinder in die Knie zwingen. Nichts geschah ohne ihre ausdrückliche oder stillschweigende Zustimmung.

Eine Weile lag Jenny einfach nur da und spürte, wie die Angst allmählich verschwand. Bevor sie in dieses Haus gekommen war, hatte sie Angst nicht wirklich gekannt, nicht diese Furcht, die sich bis in die Knochen fraß und sie verfolgte, wohin sie auch ging. Das Wissen um das, was ihr passieren könnte und wahrscheinlich auch passieren würde, war schlimmer als alles, was sie sich je hatte ausmalen können. Vor heute Abend hatte sie sich nicht vorstellen können, wie brennendes Menschenfleisch roch, und vor einem Jahr hatte sie sich nicht vorstellen können, so hungrig zu sein, dass es appetitlich riechen würde. Die Angst hatte sich so tief in ihr Herz eingegraben und sie auf eine derart heimtückische Art und Weise verändert, dass sie es anfangs nicht einmal bemerkt hatte.

Alles hatte so harmlos angefangen: Eines der Mädchen hatte eine gemeine Bemerkung fallengelassen und Jenny hatte mitgelacht, obwohl es gar nicht lustig gewesen war. Doch es war einfacher, sich anzupassen, als aufzufallen. Sich gegen einen von ihnen zu stellen, war gefährlich, doch während die Jungen sie vielleicht schubsten oder ihre Krücken wegtraten, liefen die Mädchen zu der alten Frau und tuschelten mit ihr. Jenny bekam ohnehin kaum etwas zum Essen und konnte es sich nicht leisten, noch mehr Mahlzeiten zu verlieren. Der wahre Beweis dafür, wie tief sie gesunken war, waren die Besuche der Sozialarbeiterin, bei denen sie – ohne mit der Wimper zu zucken – jede gemeine Lüge wiederholte, die die alte Frau ihr ins Ohr geflüstert hatte. Schon die Andeutung einer Bedrohung reichte aus, um sie tagelang zu verängstigen. Allein die einfache Frage „Willst du in den Keller gehen?“ reichte aus.

Als Jenny die Tränen kamen, dämpfte sie die Geräusche mit ihrem Ärmel. Es wäre alles andere als gut, wenn eines der Kinder sie hörte. Noch schlimmer wäre es, wenn die alte Frau dadurch gestört würde. Jenny würde alles tun, um der Aufmerksamkeit dieser schrecklichen Frau zu entgehen. Die Kinder boten allerdings auch alles andere als Sicherheit. Jenny stellte sie sich als Hyänen vor, die die meiste Zeit menschliche Kleidung trugen, brüllten und nur auf die Gelegenheit warteten, sich in ihr zu verbeißen, sobald sie wehrlos erschien. Doch die alte Frau hielt sie an der Leine und solange sie nicht beschloss, sie auf Jenny loszulassen, war sie in Sicherheit. Sie redete sich immer wieder ein, dass sie bald in Sicherheit sein würde, als ob dieser Albtraum ein bereits beschlossenes Ablaufdatum hätte. Und in gewisser Weise hatte er das. Die Sache im Keller würde darüber entscheiden, wie viel Elend Jenny noch ertragen musste, bevor sich alle dunklen Absichten dieser Familie ausschließlich auf sie richteten. Sie bemühte sich, den Atem unter Kontrolle zu bringen, ihr Keuchen und Schluchzen in das ruhige Atmen eines schlafenden Mädchens zu verwandeln. Die alte Frau konnte sie vielleicht nicht sehen, aber ein Schniefen im falschen Moment könnte all ihre harte Arbeit zunichtemachen – so zu tun, als gehöre sie zum Rudel.

Wenn sie zu lange über den Keller nachdachte, würde ihr übel werden. Doch sie konnte es sich nicht leisten, den Appetit zu verlieren, genauso wenig wie sie es sich leisten konnte, zur Strafe auf eine Mahlzeit verzichten zu müssen. Sie spürte, wie sich die Knochen unter der Haut zusammenzogen, als sie mit

den Händen über ihren Körper fuhr. Nicht, dass sie es wagen würde, sich über ihrer Kleidung zu berühren. Nicht nach der Strafpredigt über Sünde und Selbstbeschmutzung, die die alte Frau ihnen gehalten hatte, nachdem sie das letzte Mal einen der Jungen dabei erwischt hatte, wie er sich angefasst hatte.
Wenn sie Angst hatte, wagte Jenny nicht einmal, an den Keller zu denken – viel zu deutlich war ihr bewusst, dass sie dort landen könnte. Doch in jenen flüchtigen Momenten, in denen die Flut des Grauens abebbte, weigerte sie sich, darüber nachzudenken, meistens, weil es wehtat, darüber nachzudenken. Und in diesen Tagen tat ihr alles zu sehr weh. Als sie an Kinderlähmung erkrankt war, hatte sie gewusst, dass sie für den Rest ihres Lebens Schmerzen haben würde, aber sie konnte sich nicht daran erinnern, dass sie jemals so stark gewesen waren, bevor sie in dieses Haus gekommen war. Sie wurde nur sehr selten geschlagen, selbst im Vergleich zu den eigenen Kindern der alten Frau, aber da sie kaum etwas zu essen bekam, glaubte sie manchmal, ihr Körper würde sich insgeheim selbst auffressen.
Doch in dieser Nacht war alles anders. Die heftigen Schrecksekunden, die der Keller normalerweise auslöste, waren von einer Vorfreude übertönt worden. Seit der grausamen Vorführung vorhin herrschte eine große Anspannung. Auch wenn sie inzwischen wieder am Siedepunkt angekommen war, würde sie bald überkochen. Sie sagte sich, dass alles gut werden würde. Sie redete sich ein, nicht wirklich zu glauben, dass die Zeit ablief. Dass das Ding im Keller noch jahrelang da sein würde. Wieder traten ihr Tränen in die Augen. Alles würde gut werden. Nichts würde schief gehen. Alles würde gut werden ... Jenny war schon immer eine schlechte Lügnerin gewesen.

Sie richtete sich auf und lauschte angestrengt, um irgendeine Bewegung aus dem anderen Zimmer zu hören. Das Gelächter war lauter geworden, die alte Frau schnarchte unaufhörlich. Es würde keinen sichereren Zeitpunkt für sie geben, sich zu bewegen. Es würde nie wieder eine Chance geben, dieses Risiko einzugehen. Ihre Krücken standen in der Ecke und machten so viel Lärm, dass es keine Möglichkeit gab, mit ihnen zu schleichen, also schleppte sich Jenny langsam über den staubigen Boden und spähte in den Flur hinaus. Durch den blauen Nebel konnte sie die Silhouetten im Wohnzimmer erkennen. Die Schatten in Form von Leuten, die sie für menschliche Wesen hätte halten können, wenn sie sich nicht daran erinnert hätte, was sie an diesem Tag gesehen hatte. Die alte Frau war nicht zu sehen, aber ihr Schnarchen war unüberhörbar. Jenny könnte das tun. Alles würde gut werden. Sie schleppte sich den Flur entlang, wobei sie versuchte, die schwachen Beine zu schonen, damit sie bei einem Anzeichen von Ärger schnell ins Bett zurückeilen könnte. Es dauerte länger als nötig, den kurzen Flur hinunterzuschleichen und dabei dem Müll und den Haufen leerer Colaflaschen auszuweichen. Sie schaffte es unbemerkt in die Küche, aber als sich die Kellertür vor ihr auftat, erstarrte sie.

Es war lange her, dass sie das letzte Mal freiwillig diese Treppe hinuntergestiegen war, und damals war Jenny die Möglichkeit, dort unten eingesperrt zu werden, gar nicht in den Sinn gekommen. Sie konnte das Ding unten im Keller schon riechen. Selbst von hier oben, bei geschlossener Tür, wehte der Gestank nach oben. Die kränkliche Süße von Ammoniak unterstrich den Gestank der Exkremente. Jenny atmete durch den Mund. Sie könnte das tun. Alles würde gut werden. Die Tür knarrte, als sie sie aufdrückte, und sie konnte sich nur mit Mühe davon abhalten, zurück ins Bett zu kriechen. Einen weiteren schrecklichen Moment lang hielt sie still, kniete auf dem Küchenboden und spürte, wie das Gewicht der ganzen Situation auf ihr lastete. Sie hielt Ausschau nach einem Hinweis aus dem Wohnzimmer, dass man sie gehört hatte, aber nach einem Moment versicherte ihr ein weiteres Lachen, dass sie unbemerkt geblieben war. Mit den Fingerspitzen schob sie die Tür ganz auf und Jenny blickte in den Abgrund hinunter.

Jenseits des Lichts der nackten Glühbirne, die in der Küche hing, herrschte eine so vollständige Dunkelheit, dass Jenny es kaum begreifen konnte. Als ob die Treppe zu einer massiven schwarzen Wand führte, hinter der sich nichts befand. All die Angst, die sie verdrängt hatte, kehrte schlagartig zurück. Wie konnte jemand in dieser totalen Dunkelheit leben? Wie konnte man die Augen vor dem Nichts öffnen, wenn man aufwachte, und die Augen vor dem Nichts schließen, wenn man versuchte, einzuschlafen? Sie starrte in die Dunkelheit und versuchte, den Körper vorwarts zu bewegen. Sie war verletzlich, solange sie hier so ungeschützt auf dem Boden kniete. Wenn sie die Treppe hinuntergehen würde, wäre sie sicherer. Diese Lüge war so groß, dass nicht einmal sie es schaffte, sie sich einzureden. Gerade als sie auf dem Absatz kehrt machen und zurück ins Bett flüchten wollte, hörte sie ein Geräusch unter sich.

Das Ding unten im Keller hatte sie kommen hören. Jenny konnte sogar jetzt noch hören, wie es auf dem schmutzigen Boden herum scharrte. Es wusste, dass sie hier war. Irgendwie wusste es das. Sie hörte etwas wie ein Schluchzen aus der Dunkelheit und das reichte aus, um ihre Entschlossenheit zu stärken. Sie krabbelte rückwärts die Treppe hinunter und zuckte nicht einmal zusammen, als sie die Tür hinter sich zuzog und das letzte Licht ausschloss. In dieser tiefen Dunkelheit tastete sie sich Schritt für Schritt vorwärts, die Muskeln schmerzten von der Anstrengung, das Herz hämmerte in ihrer Brust. Das könnte ihr Leben sein. Wenn man sie dabei erwischte, würde das ihr Leben sein.

Beinahe wäre sie wieder nach oben gelaufen, als ihr Fuß anstelle einer weiteren Stufe den schmutzigen Boden berührte, doch sie zwang sich, sich aufzurichten. Hier unten in der Dunkelheit war der Geruch fast überwältigend. Jeder Atemzug war ein Kampf, um nicht zu würgen. Es war, als würde man in eine Klärgrube treten. Sie taumelte ein paar Schritte vorwärts, bevor ihr Fuß gegen etwas Unverwechselbares stieß. Nacktes menschliches Fleisch. Mit zitternden Händen beugte sich Jenny hinunter und berührte den Arm ihrer Schwester. Sie folgte den ausgemergelten Linien bis zu der Stelle, an der ihre Hand zu einer Klaue verkrümmt war. Sie war sich nicht sicher, wann sie angefangen hatte zu weinen, aber jetzt wollte es nicht mehr aufhören.

Ein Flüstern drang aus der Dunkelheit. „Jenny?“

„Ich bin hier. Ich bin jetzt hier. Alles wird wieder gut.“

Sylvias Atem kam rasselnd, aber es lag keine Angst in ihrer Stimme, als sie antwortete.

„Ich werde sterben.“

Gertrude Van Fossan

Ende September 1929 stand Amerika am Abgrund. In weniger als einem Monat würde es zum Börsencrash an der Wall Street kommen und das Land in die Große Depression stürzen. Die amerikanische Arbeiterklasse würde kämpfen und Tausende würden sterben, während die zeitweise blühende Nation den schlimmsten wirtschaftlichen Zusammenbruch ihrer Geschichte erleben würde. Häuser würden beschlagnahmt werden und Unternehmen zusammenbrechen. Der Aufschwung nach dem Ersten Weltkrieg, von dem viele gehofft hatten, er würde ewig anhalten, würde die ganze Nation an den Rand des Zusammenbruchs bringen.

In dieser Zeit des Umbruchs und des drohenden Unheils wurde ein kleines Mädchen geboren. Gertrude van Fossan war das dritte von insgesamt sechs Kindern der van Fossans. Die Eltern waren unterschiedlicher Herkunft und verbanden eine lange Linie polnischer Einwanderer mütterlicherseits mit einer besser etablierten niederländischen Familie auf der väterlichen Seite. Über die ersten Jahre ihres Lebens ist nur wenig bekannt, außer dass sie ein richtiges Papakind gewesen war und jeden Moment mit ihrem Vater verbracht hatte, der sie abgöttisch liebte. In schwierigen Zeiten war Aufmerksamkeit die einzige Währung, die die Familie van Fossan wirklich ausgeben konnte, und so war es nicht verwunderlich, dass die anderen Familienmitglieder die enge Beziehung zwischen Vater und Tochter bald nicht mehr ertragen konnten. Die älteren Kinder tolerierten sie zunächst, weil das jüngste Kind immer im Mittelpunkt der Aufmerksamkeit stand, doch selbst als weitere Geschwister kamen, erhielt Gert nach wie vor den Löwenanteil seiner Zuneigung.

Als sie noch ein Kleinkind war, empfand ihre Mutter die Nähe in dieser Beziehung als Bedrohung und setzte alles daran, sie von ihrem Vater zu trennen. Doch es half nichts und bald verwandelte sich diese mütterliche „Sorge“ in eine Kälte, die an Hass grenzte. Wenn ihr Vater nicht im Haus war, lebte Gert in einer frostigen Stille, in der ihre Mutter zwar Anweisungen gab, sie aber ansonsten völlig ignorierte. Dadurch trat ihre schlechte Behandlung im Gegensatz zu der, die ihre Mutter den anderen Kindern zukommen ließ, nur noch deutlicher zutage. Die Geschwister verhielten sich genau so, wie man es erwarten würde, und sahen Gert als anders – als Außenseiterin – an und isolierten sie, was das Problem nur noch verschärfte.

Mit nur einer Quelle der Zuneigung klammerte sich Gert immer verzweifelter an ihren Vater. Er verstand zwar nicht, welcher Situation er sie überließ, wenn er aus dem Haus ging, aber er erkannte ihre Verzweiflung und reagierte wie jeder gütige und liebevolle Vater: Er schenkte ihr noch mehr Aufmerksamkeit als seinen anderen Kindern. Es dauerte nicht lange, bis Gerts Mutter die anderen Kinder gegen sie aufbrachte. Selbst in der Schule wurde sie schikaniert –

sowohl von Freunden ihrer Geschwister als auch von anderen Kindern, die es einfach nur auf das einsame Mädchen abgesehen hatten. Gert besuchte in diesen frühen Jahren die Schule nur unregelmäßig, was zum Teil daran lag, dass ihre Mutter überhaupt kein Interesse daran hatte, dass sie die Schule besuchte, zum Teil aber auch daran, dass Gert es vorzog, Situationen zu vermeiden, in denen sie im Nachteil sein würde.

Die Familie litt unter der Großen Depression wie alle anderen in ihrer Heimatstadt Indianapolis. Gerts Vater hatte mehrere Jobs und griff zum Alkohol, wenn er es sich leisten konnte. Ihre Mutter gab Gert die Schuld an sämtlichen Fehlern ihres Ehemannes und an den meisten anderen Problemen, die die Familie heimsuchten, aber da Gert Dads Liebling war, konnte man nichts gegen sie sagen oder tun, ohne Repressalien fürchten zu müssen. Sie hatte zwar keine glückliche Kindheit, aber ihr Vater sorgte dafür, dass Gert nicht ganz ohne Freude war, und allein seine Erwähnung zauberte ein Lächeln auf ihr Gesicht. Solange er da war, konnte sie auf eine bessere Zukunft hoffen.

Daddy war schon seit ein paar Stunden zu Hause und das Abendessen beendet. Es war wieder eine „knappe“ Woche gewesen, sodass es nicht viel mehr als eine Suppe gegeben und Dad nichts mehr zu trinken hatte. Stattdessen hatte er Mutter und die anderen Kinder aus der Küche verscheucht und saß nun auf seinem Platz am Ofen und hörte Gert beim Lesen zu. Sie konnte nicht gut lesen, und das wusste sie. Sie war nicht dumm, nur weil sie erst zehn war. Doch für Daddy war sie bereit, sich durch jeden Buchstabenwirrwarr zu kämpfen und es richtig hinzubekommen, denn wenn sie es geschafft hatte, konnte sie den Hauch eines Lächelns auf

seinem Gesicht sehen, das sie wärmte, auch wenn der Wind heulte und die Fenster schief in den Rahmen hingen. Als sie am Ende der Seite angelangt war, klatschte er tatsächlich in die Hände, und sie konnte sich nur mit Mühe beherrschen, um nicht vor Freude in die Luft zu springen. Dieses Lächeln. An dieses Lächeln würde sie sich für den Rest ihres Lebens erinnern. Daddy machte irgendeinen Witz über die bereits vergessene Seite, die sie gerade gelesen hatte, und sie lachte mit, so wie es sich gehörte. An den kleinen Fältchen um seine Augen erkannte sie, dass es sich um einen Scherz handelte. Sie verrieten ihr jedes Mal, wenn er mit ihr scherzte. Wenn sie lachte, lachte er mit, und innerhalb einer Sekunde lachten sie beide über nichts, und das war das Beste an Gerts Tag. Im anderen Zimmer hörte sie, wie die Mutter die Kleinen anschnauzte, draußen hörte sie den Wind peitschen, aber hier in dieser Küche war alles warm und perfekt. Als Daddy das Gesicht verzog, wurde ihr Kichern noch lauter. Seine Lachfalten verschwanden, aber seine alberne Miene brachte sie nur noch mehr zum Lachen. Es war, als hätte er einen Geist gesehen. Seine Augen wölbten sich, als würden sie ihm aus dem Kopf fallen. Sie lachte weiter, als er von seinem Stuhl nach vorne kippte. Sein Gesicht schlug gegen die Tischkante, als er zu Boden ging, und ihr Lachanfall verwandelte sich in einen erstickten Schrei. „Daddy?!"
Sie kroch neben ihm auf den Boden. Blut sickerte träge aus seiner Stirn und sammelte sich unter seinem Körper, doch seine Augen waren immer noch weit aufgerissen. „Daddy!" Er ruckte und zuckte auf dem Boden, als würde er mit einer unsichtbaren Kraft ringen. Was auch immer er abzuschütteln versuchte, ließ ihn nicht los. Er stieß ein so tiefes Stöhnen aus, dass es fast unmenschlich klang. Gert zerrte mit beiden

Händen an seinem Hemd und schrie. „Daddy. Hör auf damit! Daddy!“
Die Mutter stürmte ins Zimmer und stieß einen ebenso entsetzlichen Schrei aus, als sie ihren Mann dort liegen sah. Sie schob Gert beiseite und brüllte seinen Namen. Schüttelte ihn. Riss ihn hoch und verpasste ihm eine Ohrfeige, wobei sie immer noch schrie. Die anderen Kinder spähten durch die Tür. Neugier und Entsetzen wetteiferten um einen Platz in ihren leeren kleinen Gesichtern. Gert wollte zu ihrem Vater zurückkehren, aber ihre Mutter hielt sie mit erhobenem Finger auf und zischte: „Was hast du mit ihm gemacht?!“
Gert konnte zwischen ihren Schluchzern nicht zu Atem kommen. „Er hat ... Er hat gelacht. Dann ist er einfach hingefallen. Er ist einfach umgefallen!“
Die Mutter kniff die Augen zusammen. „Raus hier.“
Gert wich zurück und ihr Blick huschte zwischen Daddy und der Frau hin und her, die wie ein Geier über ihm hing. Sie konnte nicht tun, was ihr gesagt wurde. Es war, als hielte ein unsichtbares Gummiband ihr Herz mit seinem verbunden, das sich mit jedem Schritt von ihm weg stärker spannte. „Soll ... Soll ich den Arzt holen?“
Die Stimme der Mutter wurde brüchig. „Hast du Geld für einen Arzt? Ich nicht.“
Eines der anderen Kinder rief von der Tür aus: „Was sollen wir tun, Mommy?“
Im Nu war die Mutter zur Stelle und scheuchte die Kinder von der Tür weg. Mit all der Freundlichkeit, die sie Gert vorenthielt, beruhigte sie die anderen Kinder, während Gert zurück auf ihren Platz an der Seite ihres Vaters huschte. Im anderen Zimmer erzählte ihre Mutter den Kindern eine Lüge, dass Daddy in den Himmel gegangen sei. Er war nirgendwo

hingegangen. Er lag genau hier auf dem Küchenboden. Sie schmiegte sich an ihn, ließ sich von der ausklingenden Wärme seines Körpers umfangen und lauschte angestrengt auf das Klopfen seines Herzens. Doch sie hörte nichts.

Falls Gert gehofft hatte, dass sich ihr Verhältnis zur Mutter mit dem Tod des Vaters verbessern würde, hatte sie sich schwer getäuscht. Sie wurde nicht nur – völlig irrational – für den Tod ihres Vaters verantwortlich gemacht, sondern litt zudem unter dem traumatischen Ereignis selbst. Sie bekam nächtliche Angstzustände und ohne ihren Vater als Gegengewicht eskalierte die Aggressivität ihrer Mutter, die Gert schlug, weil sie den Schlaf der anderen Kinder störte.

Die nächsten drei Jahre waren für Gert die Hölle auf Erden. Zu Hause wurde sie schlimmer als ein Tier behandelt. Ihre Mutter ignorierte sie völlig und ihre Geschwister grenzten sie komplett aus, um jeden Makel zu vermeiden, der mit ihr in Verbindung gebracht werden könnte. In diesem Haus galt sie als die Wurzel allen Übels. Jedes Mal, wenn mit einem Haushaltsgegenstand etwas nicht in Ordnung war, war Gert die Letzte gewesen, die ihn benutzt hatte. Wenn es nicht genug zu essen gab, lag es daran, dass Gert mehr genommen hatte, als ihr zugestanden hätte. Dass die anderen Kinder Gerts Namen riefen, wenn sie sich auch nur den Zeh stießen, entwickelte sich zu einem Running Gag.

In der Schule verlief ihr soziales Leben in den nächsten drei Jahren völlig trostlos, doch dann geschah etwas Erstaunliches. Im Alter von vierzehn Jahren hatte Gert jede Hoffnung auf eine Freundin aufgegeben. Diesen Brunnen hatte ihre Mutter schon früh in ihrem Leben vergiftet und die ständigen Gerüchte der Mädchen in ihrer Klasse über Gerts Status als Ausgestoßene hatten ihr den Gedanken verleidet,

Zeit mit anderen Mädchen zu verbringen. Daher waren Jungs ihre einzige wirkliche Option, aber sie traute sich nicht, ihrer Mutter so sehr zu trotzen, um als halber Junge zu gelten, und ohne irgendeine Gemeinsamkeit war sie für die anderen Kinder einfach nicht interessant.
Doch mit dem plötzlichen Einsetzen der Pubertät und dem damit verbundenen Hormonschub änderte sich das alles. Plötzlich interessierten sich die Jungen wieder für Gert und sie genoss deren Aufmerksamkeit. Ihre Mutter hörte früh von den Gerüchten und maßregelte ihre Tochter wegen ihres unangemessenen Verhaltens, aber Gert war sich nicht einmal bewusst, dass etwas „Falsches" vor sich ging. Sie war sich der Sexualität auf abstrakte Weise bewusst. Als ihr Vater noch gelebt hatte, hatte sie oft ungewöhnliche Geräusche aus dem Schlafzimmer ihrer Eltern gehört und dann am nächsten Morgen stets mit Entsetzen feststellen müssen, dass ihr Vater bei jedem Streit auf der Seite ihrer Mutter gestanden hatte. Sie konnte diese Geräusche nicht mit dem sehr zurückhaltenden Flirten in Verbindung bringen, zu dem es zwischen den Jungen in der Schule und ihr kam. Sie verstand nicht, warum ihre Mutter so wütend auf sie war, aber es war ihr auch egal. Jede Strafe, die man Gert auferlegen könnte, hatte sie bereits erlebt. Es gab nichts mehr, was ihre Mutter tun konnte, um ihr das Leben noch schwerer zu machen. Daher war es kein Wunder, dass Gert – angezogen von der Aussicht auf die Aufmerksamkeit, nach der sie sich so verzweifelt sehnte – die Entscheidungen traf, die sie traf.
Die anderen Mädchen waren anfangs vielleicht schüchterner, aber schon bald konkurrierte Gert mit jedem Einzelnen von ihnen um die Zuneigung und Aufmerksamkeit der Jungen in der Schule. Gert könnte man wohlwollend als

durchschnittlich gut aussehend bezeichnen, und ohne ein soziales Ventil hatte ihre Persönlichkeit nie die Möglichkeit zur freien Entfaltung gefunden. Nun begann sie, ihre eigenen Grenzen des Komforts und des Anstands zu überschreiten, um die Aufmerksamkeit der Jungen zu erhalten. Sie ließ sich von ihnen an Stellen berühren, von denen sie wusste, dass sie sie nicht berühren sollten. Und sie berührte sie im Gegenzug ebenfalls an solchen Stellen. Die Gerüchteküche lief auf Hochtouren und verbreitete in der ganzen Stadt bösartige Gerüchte über ihre Eskapaden und alle gingen davon aus, dass es nur eine Frage der Zeit sei, bis sie geschwängert würde. Zum ersten Mal hatte Gert das Gefühl, dass die Gerüchteküche der Mädchen ihr tatsächlich half. Jeder Junge in der Schule interessierte sich für sie und viele Jungs, von denen sie noch nie etwas gehört hatte, meldeten sich plötzlich bei ihr.

Zum absoluten Entsetzen ihrer Mutter verabredete sich Gert mit fünfzehn Jahren ernsthaft und ging von kleinen Küssen und Fummeleien, zu denen es bisher mit ihren Klassenkameraden gekommen war, zu vollwertigen Beziehungen über. In ihrem ganzen bisherigen Leben hatte Gert nur eine einzige erfolgreiche Beziehung gehabt, nämlich die mit ihrem Vater, und so war es nicht verwunderlich, dass sie sich zu älteren Männern hingezogen fühlte. Sie wurde von einer Reihe von Männern umworben, die zwei bis acht Jahre älter waren als sie, und fast alle taten es wegen des schlechten Rufs, den sie in der Stadt besaß.

Im Alter von sechzehn Jahren entkam sie schließlich ihrem schrecklichen Leben zu Hause durch den einzigen Mechanismus, der Frauen damals zur Verfügung stand. Sie brach die Schule ab, packte die wenigen Habseligkeiten zusammen, die ihr gehörten, und verließ den Schatten ihrer Mutter, um nie wieder zurückzukehren.

Gertrude Baniszewski

Gert heiratete John Baniszewski nur wenige Monate nach ihrem ersten Date. Er war ein achtzehnjähriger Deputy, dem eine Karriere bei der Polizei bevorstand. Die Hochzeit, bei der nur Johns Familie anwesend war, fiel recht bescheiden aus. Gert hatte keine eigenen Freunde, ihre Mutter machte ihre Beziehung zu John bei jedem schlecht, der es hören wollte, und sie hatte nicht die Absicht, von diesem Tag an eines ihrer Geschwister in ihr Leben einzubeziehen. Es war, als wäre der Wunsch von Gerts Mutter endlich in Erfüllung gegangen: Ihre Tochter war verschwunden.

Obwohl John nicht viel verdiente, unterstützte die örtliche Bank bereitwillig einen Gesetzeshüter, und die beiden zogen gleich nach ihrer kurzen Hochzeitsreise nach Ohio in ein bescheidenes Haus am Rande der Vorstadt. John hatte in jenen frühen Tagen wenig Einfluss auf seine Arbeitszeiten und so nutzten die jungen Liebenden jede Gelegenheit, die sich ihnen bot, wobei Gert John oftmals ein Lunchpaket ins Revier brachte. Sandwiches waren so ziemlich das Einzige, was Gert zu diesem Zeitpunkt zubereiten konnte. Ihre Mutter hatte ihr viele Aufgaben auferlegt, ihr aber in der Küche nie etwas zugetraut, und schon bald belasteten ihre nicht vorhandenen Kochkünste die junge Beziehung. John war anfangs von den Gerüchten über Gerts sexuellen Fertigkeiten angelockt worden, doch schon nach kurzer Zeit war ihm klar geworden, dass sie die Rolle der Ehefrau sehr gut erfüllen würde. Sie war nicht nur mit der Vorstellung zufrieden, für den Rest ihrer Tage Hausfrau zu spielen und Kinder großzuziehen; sie war auch klug genug, um ihr die Führung seines Haushalts anzuvertrauen. Wie so oft bei jungen, alleinstehenden Männern suchte er nicht nur nach Gesellschaft und Romantik, sondern auch nach einem Muttererersatz.

Er war davon ausgegangen, eine unterwürfige und gehorsame Dienerin zu bekommen, doch da hatte er sich gründlich getäuscht. Gert hielt das Haus so ordentlich, wie es ihr möglich war, und schimpfte mit John, wenn er Unordnung machte. Sie ging sparsam mit dem Haushaltsgeld um und wurde wütend, wenn er nach der Arbeit mit seinen Kumpels etwas trinken ging und zu viel ausgab. Alle ihre Tugenden verwandelten sich bald in Untugenden. John hatte erwartet, dass sich ihre Kochkünste mit der Zeit verbessern würden, aber am Ende ihres ersten Ehejahres konnte sie kaum mehr zubereiten als John selbst. Noch schlimmer war, dass sie ihn in jenem Bereich des Ehelebens, von dem er erwartet hatte, dass sie all seine Erwartungen übertreffe, nämlich im Schlafzimmer, noch mehr enttäuschte als überall sonst. Für Gert war Sex eine Todsünde, eine schmerzhafte, unangenehme Aufgabe, die sie ertragen musste, um für das Leben zu bezahlen, das sie sich so sehr gewünscht hatte. Während ihre unbeholfenen Fummeleien mehr als genug waren, um Jungen in ihrem Alter zu befriedigen, hatte John einige Erfahrung mit Frauen ... und fühlte sich nun hintergangen. Als er erkannte, dass sie keine Ahnung hatte, was sie da tat, zeigte er seine Enttäuschung deutlich, was nur dazu führte, dass sie sich noch mehr zurückzog und distanzierte. Die Situation eskalierte, Gert verkrampfte sich während des Liebesaktes immer mehr und John wurde immer gewalttätiger, bis diese Gewalt schließlich Früchte trug.

Während der ersten zehn Ehejahre war Gert häufiger schwanger als nicht schwanger und sie bekamen schließlich vier Kinder. Während ihrer ersten Schwangerschaft veränderte sich Gerts gesamte Persönlichkeit. Nachdem sie von den möglichen Ansteckungsgefahren für ihr ungeborenes Kind erfahren hatte, musste alles im Haus weit über ihre für gewöhnlich sehr geringen Ansprüche hinaus makellos sein. Als sie von den Ärzten erfuhr, wie wichtig die Ernährung sei, verbesserten sich ihre Kochkünste allmählich und sie griff die Tipps und Tricks anderer junger Mütter auf, die die Arztpraxen aufsuchten. Sie schloss zwar nie mit einer dieser Frauen Freundschaft, erkannte aber schließlich, dass andere Menschen eine Ressource waren, die sie nutzen konnte.

Zunächst war John erfreut über Gerts Wandel. Auch wenn sie sich nur ungern von ihm berühren ließ – „um das Baby zu schützen" –, wurde sie endlich zu der Frau, die er erwartet hatte. Nach der Geburt des Babys verwandelte sich diese Zufriedenheit wieder in Frustration, denn wo sie früher zwanghaft auf Johns Bedürfnisse geachtet hatte, hatte sie nun einen neuen Lebensmittelpunkt gefunden. Sie konnte John nicht zu einem Mann machen, wie ihr Vater einer gewesen war. Sie würde nie die enge, intensive Beziehung zu ihm haben, nach der sie sich so sehr sehnte, also konzentrierte sie sich auf ihre Kinder: winzig kleine Menschen, die sie zu den perfekten Partnern formen konnte, die sie durchs Leben begleiten würden. Alles, was sie nicht für John tun wollte oder konnte, tat sie bereitwillig für die Kinder. Sie widmete ihnen jeden Augenblick ihrer Zeit, und die Eifersucht, die schon in Gerts Elternhaus geherrscht hatte, begann bald wieder ihr hässliches Haupt zu erheben.

Es ist nicht klar, ab wann John Gert schlug. Er tat es nie während einer ihrer Schwangerschaften oder unmittelbar nach der Entbindung, aber die restliche Zeit schien sie Freiwild zu sein. Der Grund für die mitunter brutale häusliche Gewalt war, dass Gert ihn nervte. Sie unternahm keinen Versuch, der Situation zu entkommen, da sie glaubte, dies wäre nur eine weitere unangenehme Erfahrung, die sie ertragen musste, um das Leben zu führen, das sie wollte. Manchmal war der Auslöser, dass sie zu viel Lärm machte. Ein anderes Mal gefiel ihm einfach nicht, wie sie ihn ansah. Die Schläge brachten sie nie in ein Krankenhaus, obwohl das wahrscheinlich mehr als einmal nötig gewesen wäre. John wusste, dass es sein Ansehen in der Gemeinde schädigen und seinen Job gefährden würde, wenn er zu weit ging, also ging er sehr vorsichtig bei seinen Misshandlungen vor – er benutzte Gert als Sandsack, achtete aber darauf, nicht die Kontrolle zu verlieren. Zu diesem Zeitpunkt hatte er bereits jahrelange Erfahrung im Umgang mit geschlagenen Ehefrauen und wusste, was genau Ermittlungen auslöste. Auf dem Revier war er sehr beliebt und selbst wenn sie Anzeige erstattet hätte, wäre diese verloren gegangen, aber er zog es trotzdem vor, vorsichtig zu sein.

In diesem Jahrzehnt erlitt Gert immer wieder Kopfverletzungen, die manchmal tagelang für Schwindel und Orientierungslosigkeit sorgten und sie manchmal zu sehr quälten, um sich in den kleinen Supermarkt zu wagen, um Lebensmittel für die Woche zu kaufen. Doch ihre Kochkünste wurden immer besser und erfinderischer, sodass sie die Reste auf einen weiteren Tag ausdehnen konnte, falls es nötig war. Auch ihre Schminkkünste wurden immer besser. Ihre Mutter hatte ihr nie beigebracht, wie man Make-up auftrug. So etwas wäre für ein kleines Mädchen unanständig gewesen – hurenhaft –, aber Gert lernte es, indem sie andere Frauen in öffentlichen Toiletten beobachtete. Als sie zum ersten Mal sah, wie eine Frau Make-up auftrug, war das wie eine Offenbarung, und plötzlich halbierte sich die Wartezeit zwischen einer Tracht Prügel und dem darauffolgenden Gang ins Freie.

Die Enthüllung des Make-ups war nichts im Vergleich zu dem Tag, an dem Gert von der Möglichkeit einer Scheidung erfuhr. In ihrer Kindheit hatte man immer nur leise und verstohlen über dieses Thema gesprochen. Als Mädchen hatte sie daher gewusst, dass es sich um etwas so Falsches handelte, dass man nicht darüber sprechen durfte, aber nicht, was es eigentlich bedeutete. Nachdem sie vier Kinder auf die Welt gebracht hatte, war sie nicht mehr ganz so naiv, aber es war immer noch ein abstraktes Konzept, eine Strafe für wirklich schreckliche Ehefrauen, die sich nicht den Launen ihres Mannes unterwarfen. Erst als sie das Gerede über eine Frau aus ihrer Nachbarschaft aufschnappte, die sich gerade von ihrem Mann scheiden ließ, wurde ihr klar, dass dies tatsächlich eine Möglichkeit war, und sie war fast überwältigt von diesem Gedanken. Das Wort „Scheidung" ging ihr für den Rest der Woche nicht mehr aus dem Kopf. Als sie John das nächste Mal ärgerte, hob er eine Hand, um ihr eine Ohrfeige zu geben, und es entschlüpfte ihren Lippen wie ein Mantra. Er erstarrte, die

Faust geballt, die Augen geweitet, und in diesem Moment wurde ihr seine Ohnmacht klar. Eine Woche später reichte sie die Papiere ein und das Gericht sprach ihr das alleinige Sorgerecht für die Kinder zu. John versuchte nicht einmal, es anzufechten.

Gertrude Guthrie

Nur wenige Monate später fand Gert in Edward Guthrie einen neuen Ehemann. Ihre zweite Hochzeit war für sie noch unangenehmer als die erste, denn der gesamte Guthrie-Clan aus Indianapolis war anwesend und trank die ganze Nacht hindurch.

Sie war immer noch jung und so hübsch wie eh und je, und Eddie wirkte im Vergleich zu ihrem brutalen Ex-Mann sehr charmant. Er war arbeitslos, als er Gert kennenlernte, und es war gut möglich, dass ein großer Teil ihrer Anziehungskraft darin bestand, dass sie mit Unterhaltszahlungen für ihre Kinder im Gepäck daherkam. Während John ein geselliger Trinker war, der seinen Lohn mit den anderen Polizisten in der Bar verschwendete, ging Eddie in seinem Streben nach Vergessenheit viel entschlossener vor. Er stahl jeden Scheck, der bei ihnen eintraf, und gab mindestens die Hälfte davon für Alkohol aus, bevor Gert überhaupt wusste, dass er existierte. Doch insgesamt waren sie nicht wesentlich schlechter dran als zu der Zeit, als sie mit John verheiratet war. Die Kinder wurden trotzdem ernährt, bekleidet und zur Schule geschickt. Sie kümmerte sich immer noch um sie, wie es nur eine Mutter

tun würde. Es fehlte ihnen an nichts und wenn Gert einige ihrer Kleider selbst flicken und stopfen musste, war das kein Weltuntergang. Sie hatte die Weltwirtschaftskrise klaglos überstanden. Wenn sie ein bisschen nähen und die Wäsche der Nachbarn waschen musste, um etwas Geld dazuzuverdienen, war das nicht das Schlimmste, was passieren konnte.
Eddie kümmerte sich nicht besonders um die Kinder. Anfangs fühlte er sich in ihrer Gesellschaft lediglich unbehaglich, doch mit der Zeit wurde er ihnen gegenüber regelrecht aggressiv. Als er das erste Mal eines der Kinder im betrunkenen Zustand schlug, wachte es draußen in der Gosse mit einer üblen Beule am Hinterkopf auf. Von da an behielt er die Hände bei sich, aber er spürte selbst dann noch Gerts wachsamen Blick, wenn er betrunken war. Er hasste die Art und Weise, wie sie für die Kinder schwärmte, er hasste die Art und Weise, wie sie mit ihnen redete, als wären sie ihre Freunde und nicht die ekligen kleinen Blutsauger, die sie in Wirklichkeit waren. Wenn er Gert und die Unterhaltsschecks ohne die Kinder hätte haben können, wäre Eddie wahrscheinlich ein sehr zufriedener Mann gewesen. So versprühte er jeden Moment in ihrer Gesellschaft schlechte Laune.
Doch trotz all seiner Fehler war er zumindest eine gute Gesellschaft. Wenn er nüchtern und allein mit Gert war, war er aufmerksam und liebevoll. Zum ersten Mal in ihrem Leben als Erwachsene begriff Gert, dass Sex nicht nur ein Elend war, das Frauen ertragen mussten, sondern etwas, das sie sogar genießen konnte. Der Akt an sich war zwar immer noch etwas, bei dem sie sich zwingen musste, mitzuspielen, aber wenn sie es tat, war Eddie wie Wachs in ihren Händen. Männer waren für sie schon immer gefährlich gewesen. Selbst als ihr Vater

noch in der Nähe gewesen war, hatte er sie eher angeschrien, als dass er sie verteidigt hätte, und sie hatte die Jungs, mit denen sie ausgegangen war, immer wie kaum domestizierte Tiere behandelt und nur darauf gewartet, dass sie in jedem Moment wild wurden – ein weiteres Überbleibsel der Erziehung ihrer Mutter über die Wünsche junger Männer. Erst jetzt wurde ihr klar, dass man Männer mit genau dem zähmen konnte, wovor ihre Mutter sie immer gewarnt hatte. Sie hatte eine Ahnung davon bekommen, als sie als Teenager um Aufmerksamkeit gebuhlt hatte, aber nun, wo sie erwachsen war, erkannte sie endlich das Potenzial. Sie schaffte es, Eddie fast drei Monate lang mit ein wenig Koketterie gefügig und umgänglich zu machen. Mit etwas mehr als nur einem Flirt gelang es ihr, ihn dazu zu bringen, mit dem Trinken aufzuhören und sich eine Arbeit zu suchen. Kaum verfügte er über ein eigenes Einkommen und bessere Aussichten, reichte er die Scheidung ein, ohne überhaupt mit Gert darüber zu sprechen. Als sie vor Gericht aufeinandertrafen, gab er als Trennungsgrund an, dass „die Kinder ihn nervten“. Angesichts dieses völligen Mangels an Empathie und ohne Gegenargumente seitens der fassungslosen und wütenden Gert stimmte der Richter der Scheidung widerspruchslos zu. Die gesamte Beziehung vom Kennenlernen bis zur Scheidung dauerte weniger als ein Jahr. Johns Unterhaltsschecks kamen immer noch in unregelmäßigen Abständen, und da sie nun von niemandem mehr abgefangen wurden, konnte Gert sich alles, was die Familie brauchte, problemlos leisten, vorausgesetzt, sie blieb sparsam. Doch die Scham, eine alleinerziehende Mutter zu sein, war groß, und an den langen Abenden, wenn die Kinder in ihren Betten lagen, fühlte sie sich einsam. Gleichzeitig war ihr Selbstvertrauen nach der Demütigung durch die Scheidung von Eddie zu erschüttert, um sich noch einmal auf einen Mann einzulassen.

Eines Tages traf sie zufällig John, als er gerade in der Nachbarschaft auf Streife war, und die beiden kamen ins Gespräch. Sie hatte nicht vorgehabt, ihn zum Abendessen einzuladen, aber als eine Pause in der Unterhaltung entstand, hielt sie es für angemessen. Als er vor ihrer Tür auftauchte, freuten sich die Kinder riesig darüber, dass ihr Vater nach Hause kam. Gert konnte sich an ihre eigene Begeisterung erinnern, wenn ihr Vater nach Hause gekommen war. Sie konnte sich an den Trennungsschmerz so genau erinnern, als wäre er erst gestern gewesen. Nach dem Abendessen schenkte sie John eine Flasche von Eddies übrig gebliebenem Schnaps ein, bis die Kinder sich beruhigt hatten und in ihren Betten schliefen, und dann setzte sie ihn mit den neuen Fähigkeiten unter Druck, die sie in der Zeit ihrer Trennung entwickelt hatte. Wenn sich die Kinder schon beim Abendessen gefreut hatten, ihren Vater zu sehen, so waren sie noch glücklicher, als er beim Frühstück immer noch da war. Nach ein paar Wochen war alles geregelt und John zog wieder ein.

An ihrer zweiten Hochzeit nahmen nur wenige enge Familienmitglieder teil. Sowohl Gert als auch John wirkten dieses Mal wesentlich entspannter und dieses Gefühl der Ruhe bewahrten sie sich auch nach der Heirat. Endlich hatte John das Gefühl, die Frau zu haben, die er verdiente, und wurde ein besserer Ehemann. Endlich hatte Gert das Gefühl, ihn unter Kontrolle zu haben, und wurde eine bessere Ehefrau.

Diese Ruhe hielt etwa ein Jahr an, bis Gert wieder schwanger wurde, kurz vor der Geburt jedoch eine Fehlgeburt erlitt. Es war nicht das erste Mal, dass ihr das passierte, aber es war das erste Mal, dass es so spät geschah, und sie fiel in eine tiefe Depression. Das Haus verwahrloste, die Mahlzeiten wurden fade und geschmacklos und kamen schließlich gar nicht mehr auf den Tisch. Ihr Liebesleben verkümmerte und jede Beschwerde, die Gert jemals über ihre erste Ehe mit John hervorgebracht hatte, kehrte wieder zurück und verfolgte ihn. Er fing wieder an, sie zu schlagen, anfangs, um sie aus ihren hysterischen Anfällen zu reißen, aber bald nur noch, weil er das Gefühl hatte, dass sie es verdient hatte. Offenbar ging es ihr genauso, denn sie machte keine Anstalten, ihn aufzuhalten, sondern stachelte ihn mehr als einmal sogar zu Gewalttätigkeiten an. Sie setzte ihren Abstieg in die Finsternis fort, bis sie entdeckte, dass sie erneut schwanger war, woraufhin sie zu ihrem alten Selbst zurückfand. John war kurz davor gewesen, sie erneut zu verlassen, als sie die Nachricht erhielt, und er war so erfreut über die plötzliche Veränderung in ihrem Verhalten, dass er sofort mit seinen Gewalttätigkeiten aufhörte, was in ihren Augen die Theorie untermauerte, dass sie die Strafe verdient gehabt hatte, die er ihr als „schlechte Ehefrau“ auferlegt hatte.

Im Laufe der nächsten sieben Jahre sollte sich dieses Muster immer wiederholen. Sie würde eine Fehlgeburt erleiden und in eine depressive Phase fallen, dann würde sie wieder schwanger werden und sich erholen. Bevor diese zweite Ehe mit John zu Ende ging, hatte Gert zwei gesunde Kinder zur Welt gebracht, die anderen waren vorher gestorben. Nach sieben Jahren dieser emotionalen Achterbahnfahrt war diesmal John derjenige, der die Scheidung einreichte. Wieder erhielt Gert das volle Sorgerecht für alle sechs Kinder, ohne dass dies angefochten wurde.

Gertrude Wright

Im Alter von 37 Jahren war Gert eine instabile, alleinerziehende Mutter mit sechs Kindern und keinem anderen Einkommen als den Unterhaltszahlungen ihres Ex-Mannes. Nachdem sie sich während ihrer letzten Ehe so sehr auf John verlassen hatte und ihre Kräfte allmählich nachließen, war Gert nicht mehr in der Lage, die Hypothekenzahlungen für das Haus zu leisten, das sie ihr ganzes Leben lang mit ihren Männern und Kindern geteilt hatte, und stand kurz vor der Zwangsräumung, als sie sich an Dennis Wright als möglichen Retter wandte.

Dennis war bereits mit einer anderen Frau verheiratet, als sie ihn kennenlernte, und sie war zehn Jahre älter als er. Gert nutzte diese beiden Machtungleichgewichte nach Kräften aus, indem sie sexuelle Gefälligkeiten als Belohnung einsetzte, wenn Dennis ihr auf andere Weise gefiel. Sie zog am Tag nach dem Auszug seiner Frau in sein Haus ein und brachte ihre ganze Familie mit. Der junge Dennis war selbst kein besonders ausgeglichener Mensch und neigte zu selbstzerstörerischen Trinkgelagen, was seine eingeschränkte Entscheidungsfähigkeit in Bezug auf seine neue

Wohnsituation erklären könnte. Die Macht, die Gert über ihn ausübte, schien zu wirken – er schulterte die finanziellen Lasten seiner plötzlich expandierenden Familie, ohne sich zu beschweren.

Doch Gerts Instabilität verschwand nicht, nur weil sie sich einen neuen Liebhaber zugelegt hatte. Sein hübsches Haus in der East New York Street war bald völlig verdreckt, da sie sich weigerte, hinter sich und ihren Kindern aufzuräumen. Sie warf Essen und Abfälle auf den Boden, sobald sie die Lust daran verlor, und mehr als einmal wäre eines der jüngeren Kinder fast an einem weggeworfenen Stück Müll erstickt. Dennis war im Stillen entsetzt über die Kreatur, die er sich ins Haus geholt hatte, aber Gerts sexuelle Dominanz über ihn ließ ihn nicht entkommen.

Er hatte fast einen Monat lang seine Flucht aus Gerts Fängen geplant. Er wusste, dass alles verloren war, wenn sie mit ihm in einem Raum war – wenn sie diese Hände auf ihn legen konnte. Er wusste, dass er nach einer ihrer „Date-Nights" am nachgiebigsten war, also wartete er, bis sie einen solchen Abend angesetzt hatte, sodass sein Abgang kurz davor erfolgen würde. Er war nicht stolz auf die Idee, sich aus einem Haus voller Kinder und einer Frau herauszuschleichen, die eindeutig zu viel durchgemacht hatte, aber die ganze Situation war ihm viel zu schnell zu real geworden. Er wusste nicht einmal, ob er Kinder wollte, geschweige denn sechs von diesen kleinen, jammernden Bastarden. Mit seiner Frau hatte er noch keine gehabt, also war er auch nicht bereit, sich auf die einer Frau einzulassen, die er kaum kannte. Er musste sich nicht mehr lange gedulden, er musste nur warten, bis Gert ein paar Annäherungsversuche machte, damit er wusste, dass sie in der Stimmung war, dann konnte er eine Tasche packen und abhauen. Dann wären das ranzige Haus, die schreienden Kinder und sie nur noch eine ferne Erinnerung. Er hatte Verwandte außerhalb des Staates, er konnte überall einen Job finden, er musste nicht bleiben und ein Leben lang mit dieser Hexe leiden, nur weil sie sich die Lippen leckte und ihm die Knie weich machen konnte.

Er war bereit für die übliche Kakofonie, als er zur Tür ging, bereit, über weggeworfene Limonadenflaschen zu stolpern und den scharfen Geruch von durchnässten Windeln zu riechen, aber stattdessen empfing ihn das Haus fast still. Er stieß die Tür zaghaft auf und keuchte, als er bemerkte, dass er den Teppich im Flur wieder sehen konnte. Die Post, die Zeitungen und der ganze Müll, der sich im Flur angesammelt hatte, waren entfernt worden. Der untere Teil der Wände, an dem schlammige Stiefel ihren Dreck verteilt hatten, war sauber geschrubbt, und der Haufen von Mänteln neben der Tür war in einem Schrank verstaut worden. Er schloss leise die Tür, weil er befürchtete, die Blase des Friedens, die sich in seinem Haus gebildet hatte, würde platzen, wenn er zu viel Lärm machte. Es fühlte sich tatsächlich wieder wie sein Haus an – nicht wie eine Müllhalde mit einer Horde kreischender, wilder Kinder. Einen Moment lang fragte er sich, ob er im falschen Haus stand. Dann fragte er sich, ob er taub geworden war. Beide Sorgen verflüchtigten sich, als er Gert in der Küche hörte, deren Stimme wie in einem Disney-Film trällerte. Er schritt leise den Korridor entlang und bewunderte die sauberen Böden, die sauberen Wände, die Sauberkeit von allem. Er hatte gar nicht bemerkt, wie bedrückend der Dreck geworden war, bis er verschwunden war, und jetzt war es, als wäre eine Last von seiner Brust genommen worden und als könne er wieder atmen. Und genau das tat er. Er atmete die frische, saubere Luft und den schwachen Hauch von Bleichmittel ein.

Er grinste, als er die Küche erreichte und ihm der warme Duft eines selbstgekochten Abendessens in die Nase drang. Gert stand am Herd und sang den Kindern vor, die sich um den Tisch versammelt hatten und an der Arbeitsplatte herumlungerten. Nach dem Zustand ihrer Gesichter zu urteilen, hatten sie bereits gegessen, was ein Glück war, denn Gert wandte sich mit einem verblüffend strahlenden Lächeln an ihn. Sie sah aus wie ein anderer Mensch. Die eingefallenen Augen, das höhnische Grinsen, all das war verschwunden. Plötzlich stand die Frau, die sie in jenen Momenten vorgab zu sein, wenn sie sich in den Laken wälzten und er die Kontrolle über sein Leben verlor, in seiner Küche, kochte ihm sein Abendessen und sah wie das perfekte Bild einer makellosen Hausfrau aus. Als wäre ihre Kleidung niemals schmutzig und kaputt gewesen, als hätte sich sein Haus niemals in einem schrecklichen Zustand befunden. Aber natürlich achtete er nicht darauf, denn er hatte nur Augen für Gert. Sie schwebte förmlich zu ihm und drückte ihm einen sanften Kuss auf die Lippen, und er konnte nicht einmal lange genug aufhören zu lächeln, um das zu genießen. „Willkommen zu Hause, Dennis. Das Abendessen ist gleich fertig. Setz dich doch."

Sie scheuchte die Kinder mit einer Handbewegung weg, die tatsächlich alle verschwanden, wobei einige von ihnen einen verärgerten Blick zurückwarfen. Er war sich ziemlich sicher, dass er Pfirsichkuchen im Ofen riechen konnte, also konnte er ihre Missbilligung verstehen.

Das Essen war köstlich, aber es war nichts im Vergleich zu der Art und Weise, wie Gert ihn ansah, oder einfach nur, wie sie aussah. Es war, als hätte jemand die Uhr in ihrem traurigen

Leben zurückgedreht, und sie war wieder jung und schön. Sie lächelte unbekümmert und klimperte mit den Wimpern, wenn er ihr ein Kompliment machte, und er konnte einfach nicht aufhören, ihr Komplimente zu machen, weil in diesem Moment alles so perfekt war.

Nach dem Essen setzte sie sich auf seinen Schoß und wischte ihm mit einer Serviette über den Mundwinkel. „Es tut mir leid, dass ich dich nicht gut behandelt habe, Dennis, aber ich verspreche dir, dass sich das ab sofort ändert.“

„Ja?“, fragte er grinsend.

Ihre Hände glitten über seine Brust und in seinen Nacken. Ihre Augen nahmen sein gesamtes Blickfeld ein, groß und mit schweren Lidern wie die einer Kuh. Er befeuchtete die Lippen. „Oh ja.“

„Ich war furchtbar zu dir und ich möchte heute Abend damit anfangen, es wieder gut zu machen.“ Sie bewegte sich leicht auf seinem Schoß und mit einem Schauer wurde ihm klar, wie die Versöhnung aussehen könnte. In seinem Hinterkopf schrie eine kleine Stimme, dass er einen Plan hatte – dass er aussteigen würde –, aber er schenkte ihr keine Beachtung. Den Plan hatte er gehabt, bevor sie sich verändert hatte. Jetzt würde alles wieder gut werden.

Stunden später ließ er sich auf die Seite des Bettes zurückfallen, schweißgebadet und von der Anstrengung geschwächt. Es war ein guter Schmerz, die Art von Schmerz, die einem bewusst machte, wie lebendig man war. Im Mondlicht konnte er sehen, wie Gert sich auf dem Bett ausstreckte, ihre Haut schimmerte im blauen Lichtschein. Ihr Lachen war ein kehliges Grollen und sein Lachen war so tief, dass es fast wie ein Knurren klang. „Fängst du schon an, mir zu verzeihen?“

Er stieß ein Geräusch aus, das man nur als Kichern bezeichnen konnte. „Ja, das könnte ich tun. Vielleicht."
Sie beugte sich vor und das kleine Laken, das sie bedeckte, rutschte zur Seite. Er spürte ein vertrautes Kribbeln in der Magengegend. Ihre Augen weiteten sich, als sie bemerkte, dass er zuckte. „Schon wieder? Willst du mich etwa fertig machen?"
„Oh, dafür braucht es schon mehr als zwei Nummern." Er erwiderte ihr Grinsen.
„Nicht so schnell, wir müssen erst noch ein paar Dinge besprechen."
Er drehte sich um und stieg auf sie. „Dann sollten wir sie lieber schnell besprechen."
„Nun, die Dinge haben eine gewisse Ordnung. Erst kommt die Liebe, dann die Ehe ..."
Er hielt abrupt in der Bewegung inne und seine gute Laune kühlte genauso schnell ab wie der Schweiß auf seinem Rücken. „Du weißt, dass ich dich nicht einfach heiraten kann. Ich müsste erst meine Papiere beim Gericht einreichen und das kostet Zeit und Anwaltskosten."
Sie schob sich verführerisch über das Bett, bis sie nahe genug war, um ihn zu küssen. „Ich denke nur, dass wir die Sache lieber früher als später klären sollten, das ist alles. Denn ... man weiß ja nie, was passieren könnte."
Die Kälte hatte sich inzwischen in Dennis' Knochen eingenistet. „Was soll das heißen?"
„Ich meine nur ... Nun, du weißt doch, wo die Babys herkommen, oder? So klein bist du schließlich nicht mehr."
Sein Magen drehte sich um und schlagartig kehrte das dumpfe Grauen, das er verdrängt hatte, wie ein unwillkommener Gast zurück. „Ich will keine Kinder, Gert."

Sie zuckte mit den Schultern, was gewisse Dinge in Wallung brachte und ihn erneut ablenkte. „Das Leben kümmert sich nicht darum, was wir wollen, Dennis. Wir bekommen, was der Herr uns gibt, und wir müssen uns damit begnügen. Du weißt, dass ich alle meine Babys liebe, aber nach dem ersten wollte ich kein einziges mehr haben. Und trotzdem sind sie da."

Er starrte sie an und versuchte, über den Schweiß und den ablenkenden nackten Körper hinwegzusehen und sich auf die Frau dahinter zu konzentrieren. Er sah ihr in die Augen und versuchte, herauszufinden, worauf sie hinaus wollte. Sein Blick wanderte zu ihrem Bauch hinunter. Sah er praller aus als früher? Lag das nur an dem gemeinsamen üppigen Abendessen? War sie ... Seine Faust hatte sich geballt, bevor er Zeit zum Nachdenken hatte. „Willst du mir etwas sagen?"

„Nun, ich hatte gehofft, dass wir über unsere Pläne sprechen und ..."

„Hast du ein Baby im Bauch?", knurrte er über ihr Flüstern hinweg. „Hast du?"

Für einen Moment wankte die ruhige Zuversicht in ihrem Gesicht und er sah wieder die eingefallenen Augen der Hexe, die ihn anstarrten. Der Albtraum, der sein Haus und sein Leben ruiniert hatte und der auch seine Zukunft ruinieren wollte. Ein Baby. Davon würde es kein Zurück mehr geben. Wenn sie ein Kind bekäme, würde sie sich für immer an ihm festklammern. Er hatte gesehen, was sie mit dem Polizisten gemacht hatte, mit dem sie zuvor zusammen gewesen war. Er würde bis zum Ende seines Lebens zahlen müssen. Er würde ihr niemals entkommen können. Ob einen Bundesstaat weiter oder auf der anderen Seite des Landes, sobald sein Name in der Geburtsurkunde stand, spielte das keine Rolle mehr. Er

wich vor Gert zurück, als wäre sie eine giftige Schlange. „Ich will keine Kinder!“
Sie lächelte ihn nachsichtig an und rieb mit einer Hand über ihre Dehnungsstreifen. „Daran hättest du vielleicht denken sollen, bevor du ...“
Seine Faust traf sie so fest an der Wange, dass sie blutete, doch sie schrie nicht einmal auf. Dafür hatte sie zu viel Erfahrung mit Schlägen, er hatte ihre Narben gesehen. Stattdessen starrte sie ihn nur überrascht an. Und vielleicht ein wenig enttäuscht. Er schlug sie erneut. Diesmal traf er sie am Auge, was ihren Kopf mit einem befriedigenden Knall zurückwarf.
Er würde kein Kind bekommen. Sie würde sich nicht in ihn krallen. Er würde sich befreien. Er ließ immer mehr Schläge auf sie niederprasseln und sie hob die nackten Arme, um das Schlimmste vom Gesicht abzuwehren. Es machte ihm fast Spaß, seine Fäuste in ihre Brust zu schlagen und zu beobachten, wie die sanften Kurven ihres Körpers unter seinen Angriffen dunkel wurden und sich verformten.
Erst als er anfing, mit den Fingerknöcheln in ihren Bauch zu hämmern, kam ihm so etwas wie ein rationaler Gedanke in den Sinn. Er würde kein Kind bekommen. Das konnte sie ihm nicht antun. Er würde nicht zulassen, dass sie ihm das antat. Er schlug ihr immer wieder in den Bauch und irgendwann schrie und weinte sie doch. Dann flehte sie ihn an. „Nicht das Baby. Bitte. Alles, nur nicht das Baby.“
Er stand fast neben dem Bett, als er die Fäuste hochnahm und immer wieder auf sie einschlug. Er hatte Blut an den Händen und auf den Laken, doch das reichte nicht. Er wollte das Baby aus ihr herausholen. Er wollte, dass es verschwand. Es war ihm egal, ob es ein Baby war. Es war ihm egal, ob es richtig

oder falsch war. Er würde nicht zulassen, dass sie ihm das antat.
Das Blut kam erst später und es war nicht so viel, wie Gert erwartet hatte. Dafür war die Schwangerschaft noch zu früh, aber es war ein sicheres Zeichen dafür, dass Dennis seinen Willen durchgesetzt hatte. Sie verlor das Baby in den frühen Morgenstunden des nächsten Tages, während Dennis zufrieden schnarchend in ihrem Bett lag. Sie saß mit leeren Augen auf der Toilette und spürte, wie alle Freude und das Leben aus ihrem Körper wichen.
Danach ging es mit der Beziehung bergab. Gert war nicht bereit, ihn loszulassen, und Dennis war zu willensschwach, um sich von ihrem zweifelhaften Charme loszureißen. Seit der Schwangerschaft wahrte sie den Schein. Das Haus war makellos und die Kinder benahmen sich gut. Jeden Abend stand eine warme Mahlzeit auf dem Tisch, wenn er von der Arbeit nach Hause kam, und sie war mehr als bereit, mit ihm ins Bett zu springen, wenn es nötig war. Das hätte ihn misstrauisch machen müssen, aber er war einfach nicht so schlau. Sie ließ ihn nicht wissen, dass sie schwanger war, bis er es selbst herausfand, und dieses Mal akzeptierte er es mit dumpfer Gleichgültigkeit. Gert glaubte wirklich, dass sie ihn mit Leib und Seele erobert hatte.
Als das Baby kam, nannte sie es Dennis Junior. Doch als sie aus dem Krankenhaus nach Hause kam, war der Vater verschwunden.
Von allen Erniedrigungen und Peinlichkeiten, die Gert in ihrem Leben erlitten hatte, war diese die brutalste. Von Dennis gab es keine Spur mehr. Sie behauptete gegenüber jedem, der es hören wollte, dass Dennis sie geheiratet hatte, bevor er verschwunden war. Dass das Baby kein Bastard war.

Dass sie eine Witwe war. Sie ratterte so schnell verschiedene Lügen herunter, dass sie oft mitten in einem Gespräch mit einem einzigen Nachbarn die Geschichte wechselte. Was auch immer Gert zuvor in der Realität verwurzelt hatte, hatte sie aufgelöst. Sie aß nicht mehr und trank nur, wenn eines der älteren Kinder ihr eine Flasche Wasser in die Hand drückte. Die Ärzte besuchten sie häufig und in der Nachbarschaft sprach man davon, dass sie chronisch krank sei. Nach wenigen Wochen war sie keine relativ hübsche Frau mittleren Alters mehr, sondern sah eher wie ein Skelett aus, als würde Dennis Junior das Leben aus ihr heraussaugen.

Die Gerüchte verbreiteten sich schnell genug und wieder einmal in ihrem Leben diente dieses Netzwerk von Gerüchten unter den Frauen in ihrer Umgebung dazu, ihr zu helfen. Bei vielen Gelegenheiten wurde sie gebeten, auf Kinder aufzupassen, und wurde dafür großzügig bezahlt. Frauen, die ihr ganzes Erwachsenenleben lang mühelos ihren Haushalt bewältigt hatten, mussten ihr plötzlich einen Teil ihrer Wäsche zum Waschen und Bügeln geben, weil sie es einfach nicht mehr schafften, und sie war so lieb, ihnen dabei zu helfen. Immer mehr Bargeld wechselte den Besitzer. Johns spärliche Unterhaltszahlungen für seine Kinder kamen unregelmäßig. Er hatte von Dennis und dem komfortablen Heim erfahren, in dem Gert sich eingenistet hatte, und beschlossen, dass sie sein hart verdientes Geld nicht mehr brauchte. Sie musste die Miete für das Haus bezahlen und die Kinder ernähren und kleiden, also ließ sie sich all das gefallen.

Paula Baniszewski

Während Gert all ihre verschiedenen Dramen und Traumata durchlebte, war die Zeit für ihre Kinder nicht stehen geblieben. Ihre älteste Tochter Paula war von klein auf in die Rolle der Freundin und Vertrauten ihrer Mutter gedrängt worden und erfuhr alle grausamen Details aus dem Leben ihrer einzigen konstanten elterlichen Bezugsperson aus zweiter Hand, nachdem Gert ihren eigenen Blick auf die Ereignisse geworfen hatte. Sie wuchs mit einem ziemlich verzerrten Weltbild auf, wobei ihr Verständnis von romantischen Beziehungen stark davon geprägt war, wie ihre Mutter mit Männern umging, was Paula natürlich als völlig normal ansah. Ihr Leben als Teenager war weniger erfolgreich gewesen als Gerts, was zum Teil daran lag, dass die sexuelle Revolution bereits in ihrem Teenageralter angekommen war und daher jedes andere Mädchen in ihrem Alter wesentlich williger war, umworben zu werden. Außerdem fehlte ihr die Verzweiflung, die ihre Mutter in diesem Alter empfunden hatte. Sie brauchte keine Aufmerksamkeit und Zuneigung. Davon bekam sie von ihrer Mutter reichlich, wenn auch eher in Form einer viel zu vertrauten Freundschaft als einer normalen elterlichen Beziehung.

Als Gert nach Dennis‘ Verschwinden zusammenbrach, entfiel diese Unterstützung für alle ihre Kinder, und Paula suchte zum ersten Mal außerhalb ihrer Familie nach Liebe. Zunächst freundete sie sich mit allen Nachbarskindern und Schulkameraden an, die sie finden konnte. Da ihre Mutter völlig aus der Realität verschwunden war, war Paula de facto das Oberhaupt des Haushalts und nutzte die äußerst begrenzten Mittel, die ihr zur Verfügung standen, in vollem Umfang aus. Das „Wright“-Haus wurde zu einem Treffpunkt für die Jugendlichen, wo sie ohne Angst vor der elterlichen Aufsicht rauchen, Musik hören und herumlungern konnten. Bei den wenigen Gelegenheiten, bei denen Gert aus ihrem Zimmer auftauchte, tat sie so entspannt, wie Paula sie vor den anderen beschrieben hatte. Gert war nach wie vor nicht in der Lage zu unterscheiden, was Erwachsene im Umgang mit Teenagern sagen und tun sollten, da sie durch die Isolation ihrer missbräuchlichen Beziehungen seit ihren eigenen Teenagerjahren in einem ständigen Zustand der Entwicklungshemmung gefangen war. Trotzdem reichten Paula ihre Freundschaften und das ausgedehnte soziale Netzwerk, das sie sich aufgebaut hatte, nicht aus.

Paulas Freund war nur ein Jahr jünger als sie, und obwohl sie sich normalerweise nicht mit so einem Jungen abgeben würde, konnte sie seinem jungenhaften Charme nicht widerstehen. Im Wohnzimmer lief immer noch eine Schallplatte, die vom üblichen Geschnatter der Leute fast übertönt wurde. Sie machte sich keine Sorgen, dass jemand sie beim Küssen eines Jungen erwischen könnte. Sie waren alle zu sehr in ihre eigenen Melodramen vertieft, um sich um

sie zu kümmern, auch wenn sie angeblich die Gastgeberin war. Als seine Hände nach unten an ihren Hintern glitten, zuckte Paula zusammen, als hätte sie eine heiße Herdplatte berührt, bevor sie sich wieder an ihn presste und bei ihm dasselbe tat. Jedes Mal, wenn er sie berührte, spürte sie, wie ihr Herz heftiger schlug. Mit einem Kichern löste sie sich von ihm, und mit einem letzten nervösen Blick in Richtung Wohnzimmer nahm sie ihn an der Hand und zog ihn in ihr Schlafzimmer. Eigentlich musste sie es sich mit den anderen Mädchen teilen, aber die amüsierten sich gerade alle im Raum nebenan. Keine neugierigen Blicke und kein Gejohle folgten ihnen.
Sie stolperten über ein paar alte, abgetragene Schuhe und fielen fast in einen Haufen alter, zerbrochener Spielsachen, aber sie schafften es ohne weitere Zwischenfälle zu Paulas Bett. Sie hatte ihre Mutter oft genug mit Männern gesehen, um zu wissen, was nun passieren würde. Sie führte die Hände des Jungen zu ihrer Brust und stöhnte so laut, wie sie sich traute, obwohl es eher weh tat, als der Junge vor lauter Erregung ihre Brüste mit seinen groben Fingern fast zerquetschte. Sie kämpfte sich aus ihrer Bluse und er fummelte an seinem Gürtel herum, die Augen weit aufgerissen und der Mund vor Erwartung offen stehend. Sie beugte sich vor, um ihn erneut zu küssen, wobei sie die Hälfte ihrer Knöpfe geöffnet hatte, und er brauchte nur eine Sekunde, um sich daran zu erinnern, was er eigentlich tun sollte. Paula wurde es langsam warm. Die Geräusche aus dem anderen Zimmer wurden immer leiser, bis sie nur noch den keuchenden Atem des Jungen und das Donnern ihres eigenen Herzschlags in ihren Ohren hörte. Die Tür öffnete sich knarrend, aber Paula war so vertieft in den Moment, dass sie

nicht einmal bemerkte, dass noch jemand im Raum war, als das Kreischen begann. „Sünder!“

Paula sprang von dem Jungen herunter und versuchte zu entkommen, aber ihre Mutter packte sie an den Haaren und zerrte sie zurück. „Du dreckige Hure. In meinem Haus. In meinem Haus!“

Sie riss an Paulas Arm, die erstickt aufschrie, und zwang sie in die Knie. „Und du! Ich will nicht, dass du jemals wieder in die Nähe meiner Mädchen kommst. Hast du mich verstanden, du Stück Dreck? Verschwinde aus diesem Haus, bevor ich etwas tue, was ich später bereue.“

Die letzten Wochen hatten es alles andere als gut mit Gert gemeint. Ihr fielen immer mehr Haare aus und der Nahrungsmangel hatte ihre Augen noch tiefer in ihr totenkopfähnliches Gesicht sinken lassen. Im besten Fall sah sie wie ein fleischgewordener Albtraum aus, aber hier in den dunklen Schatten und mit ihrer kreischenden Stimme war es ein Glück, dass Paulas Freund sich nicht in die Hose machte, als er aus dem Zimmer stürmte, ohne ihr auch nur einen mitfühlenden Blick zuzuwerfen. Gert stürmte hinter ihm her, schrie aus Leibeskräften und warf die Kinder mit einer langen Tirade von Schimpfwörtern und Flüchen aus dem Haus. Paula kniete in der Dunkelheit auf dem Boden. Tränen liefen ihr über das Gesicht und die Freude über ihren ersten Kuss war in der Flut des Schreckens, die gerade über ihr Leben hinweggefegt war, längst vergessen.

Jeder Versuch von Paula, sich zu verabreden, wurde mit ähnlichen Wutausbrüchen und Störungen ihrer Freizeitaktivitäten beantwortet. Nach diesem ersten Vorfall entfernte Gert alle Innentüren des Hauses und ließ sie von den älteren Jungen zu Brennholz zerhacken. Als sie Paula das nächste Mal mit einem Jungen allein reden sah, fiel ihre fröhliche Fassade wieder, und sie zerrte das Mädchen ins Haus, um ihr einen langen Vortrag darüber zu halten, wie sie ihr Leben ruinieren würde, wenn sie sich außerhalb der Ehe schwängern ließe. Als diese Belehrungen nichts halfen und Paula dabei erwischt wurde, wie sie zu spät kam und ihre Lippen vom Küssen rosa und geschwollen waren, stellte Gert zum ersten Mal in ihrem Leben Regeln auf. Jeden Sonntag gingen sie in die Kirche und für den Rest der Woche wurden ihre Vorträge mit neuem Höllenfeuer und Schwefel erfüllt. Es reichte nicht aus, dass Paula ihr Leben ruinieren wollte, sie würde auch ihre unsterbliche Seele beflecken.

Doch bald wurden die Vorträge seltener und Gert verfiel wieder in ihre alten Gewohnheiten. Keines der Kinder hatte es gewagt, sie mit der Wahrheit über ihr eigenes sündiges Verhalten zu konfrontieren. Sie nannte sich immer noch Mrs Wright, um jeden Anschein von Unangemessenheit zu vermeiden, aber alle Nachbarn kannten die Wahrheit. Und das bedeutete, dass auch alle Kinder die Wahrheit kannten. Keiner von ihnen war bereit, Gert zu kompromittieren, indem er darüber sprach, sei es wegen ihrer aufbrausenden Natur, weil sie sie bemitleideten oder weil sie die Dinge schätzten, die sie für sie tat - doch sie alle kannten ihre Schmach und Gert verabscheute sie dafür.

Paula ihrerseits hatte ihr Liebesleben mit so viel Raffinesse, die ein Teenager besaß, aus der Schusslinie gebracht. Sie wusste, dass auch ihre einzige Hoffnung auf ein angenehmes Leben darin bestand, gut zu heiraten, aber ihr Geschmack war ebenso fragwürdig wie der ihrer Mutter und ihre Geduld äußerst begrenzt. Anstatt darauf zu warten, dass ein Junge in ihrem Alter sie um eine Verabredung bat, schlich Paula sich abends heimlich in die umliegenden Bars, aus denen die Gerüchte über ihre Anwesenheit vermutlich nicht bis zu ihrer Mutter durchsickern würden. Es dauerte nicht lange, bis sie sich einen erfolgreichen Geschäftsmann angeln konnte. Dass er dreißig Jahre älter war als sie spielte im Großen und Ganzen keine Rolle. Er nahm sie mit in Motels und sie schliefen etwa einen Monat lang regelmäßig miteinander, bevor sie das Thema Heirat ansprach, da er nicht bereit schien, es von sich aus zu tun. In diesem Moment zog er seinen Ehering aus der Tasche und steckte ihn sich wieder an den Finger. Paula mochte von ihrer Mutter nur wenig Moral beigebracht bekommen haben, aber sie besaß einen gewissen Stolz. Also sagte sie ihm, was sie von ihm hielt, und rauschte aus dem Motelzimmer, ohne sich auch nur noch einmal umzudrehen.

Es dauerte keine zwei Monate, bis sie merkte, dass etwas nicht stimmte, und trotz all der Probleme, die sie mit ihrer Mutter seit ihren ersten Verabredungen hatte, stand für sie außer Frage, dass Gert der einzige Mensch war, der ihr helfen konnte. Also fuhren sie mit dem Bus zum Arzt, während eine der Mütter aus der Nachbarschaft auf die Kleinen aufpasste und der Rest der Kinder zur Schule ging, und ein kurzer Bluttest bestätigte, was sie bereits wussten – Paula war schwanger.

Das war Gerts letzter Strohhalm. Als sie erkannte, dass ihre Tochter dieselben Fehler wie sie machte, war sie fast am Ende ihrer Kräfte und stand kurz davor, wahnsinnig zu werden. Dank der Mitarbeit aller älteren Kinder war das Haus in einem bewohnbaren Zustand geblieben und in stillschweigender Übereinkunft hatten sie ihrer Mutter genug Essen aufgezwungen, um sie vor dem Sterben zu bewahren.

Doch nun ging Gert über ihren üblichen apathischen Zustand hinaus und wurde regelrecht bösartig. Wenn sie die Kinder bei der Hausarbeit erwischte, jagte sie sie hinaus. Wenn sie versuchten, sie zu füttern, schrie sie sie an, bis sie aufgaben. Wo sie früher jede Art von Dummheit und Rauferei in ihrem Wohnzimmer geduldet hatte, förderte sie sie jetzt aktiv und verbreitete Gerüchte unter den Nachbarskindern mit einer Freude und Bösartigkeit, die selbst die hartgesottensten der üblichen abfälligen Kommentatoren erschreckte. Wo sie früher im Elend gelebt hatte, weil sie sich zu sehr von der Welt abgewandt hatte, um etwas dagegen zu tun, sonnte sie sich nun im grauenhaften Zustand ihrer Behausung und in ihrem tiefen Elend, in das sie gesunken war.

Das Likens-Arrangement

Paula führte ihr Leben weiter, als ob sich ihre Mutter nicht inmitten eines Nervenzusammenbruchs befände. Ihr Dating-Leben kam mit der Schwangerschaft zum Stillstand, aber sie schaffte es, sie vor den Nachbarskindern und sogar vor den meisten ihrer Geschwister geheim zu halten, sodass ihr soziales Leben nicht darunter litt. Ihr Haus war schon lange vor diesem jüngsten Zusammenbruch der gesellschaftlichen Normen zu einem Treffpunkt der Teenager in der Nachbarschaft geworden, aber nun war es *der* Ort, an dem man sich aufhielt. Die Teenager ließen sich von dem Chaos nicht stören und die Tatsache, dass Gert sie nicht nur machen ließ, was sie wollten, sondern sich aktiv an ihren kleinen Streitereien beteiligte, war für die Kinder erstaunlich unterhaltsam.

Doch selbst Paula brauchte manchmal eine Pause von diesem Haus, und obwohl die meisten ihrer Freunde jeden Tag nach der Schule dorthin kamen, schaffte sie es gelegentlich, sich hinauszuschleichen und ein Mädchen zu besuchen, das sich dagegen entschieden hatten. Darlene McGuire stammte aus einer irischen Familie, die nicht gerade großes Ansehen genoss, weshalb Gert ihr den ein oder anderen bissigen Kommentar verpasst hatte. Sie kam trotzdem noch ziemlich oft ins Haus, aber nicht mehr jeden Tag wie so viele andere.

Darlene war ein nettes Mädchen mit wilden schwarzen Locken und in Paulas Leben gab es nur wenig Nettes. Wenn in der Stadt ein böses Gerücht kursierte, würde sie es niemals weitertragen, und wenn die Kirche eine Wohltätigkeitsaktion durchführte, gab Darlene ihren letzten Penny, weil sie helfen wollte, und das nicht nur, weil sie versuchte, den Schein zu wahren wie alle anderen. Ihre einzige schlechte Angewohnheit war, dass sie ständig Streuner aufnahm. Ihre Mutter musste im Laufe der Jahre mehrere Katzen und Hunde, eine Handvoll Vögel und einmal sogar ein Opossum gewaltsam vertreiben. Das jüngste Streunerpaar, das sie aufgegriffen hatte, stellte sie Paula als Sylvia und Jenny Likens vor. Sylvia schien in Paulas Alter zu sein, sah durchschnittlich gut aus, war sanftmütig, aber freundlich. Jenny war etwas jünger und viel unbeholfener als ihre Schwester. Sie trug Beinschienen über ihrer Kleidung, eine Erinnerung an eine Polio-Erkrankung in der Kindheit, von der sie sich nie ganz erholt hatte. Darlene hatte sie beim Umherstreifen in der Stadt gefunden und sie mit nach Hause genommen, als sie bemerkt hatte, dass sie kein Zuhause hatten.

Mit ein wenig Zureden und Schmeicheleien kehrten alle vier Mädchen zu Paulas Haus zurück. Sie ließen sich in ihrem Zimmer nieder, um ein paar Platten zu hören und Limonade zu trinken, während die älteren Mädchen rauchten und versuchten, den beiden jüngeren ihre Geschichte zu entlocken. Nach etwa einer Stunde kam alles heraus, wobei

die beiden Likens-Mädchen nur widerwillig ihren Anteil beisteuerten.
Mitten in der Nacht hatte Betty ihre Töchter aufgeweckt. Sie hatte für jede von ihnen eine Tasche gepackt, ihr Blick war halb verrückt und eines der Augen war blau angeschwollen. „Kommt, Mädels, wir verschwinden von hier. Ich werde keine weitere Nacht unter einem Dach mit diesem Bastard verbringen."
Sie waren im Dunkeln herumgestolpert, um ihre Kleidung anzuziehen, und nach ein paar Versuchen hatte Betty es geschafft, Jennys Schienen zu schließen, ohne ihr die Haut einzuquetschen. Gemeinsam waren sie hinaus auf die schwach beleuchtete Straße geschlichen und für einen kurzen Moment, als die kalte Nachtluft auf ihr Gesicht traf, hatte sich Sylvia gefragt, wann dieser seltsame Traum wohl enden würde. Sie schafften es bis zum Busbahnhof, bevor sie die Realität erkannte, und Sylvia überlegte, ob sie zu ihrem Vater zurückkehren sollte. Lester war kein besonders schrecklicher Vater, genauso wenig wie Betty eine schreckliche Mutter war – sie waren einfach nur ausschließlich mit sich selbst beschäftigt. Ihre Beziehung hatte ihr ganzes Leben lang im Mittelpunkt gestanden. Ihre Töchter dienten nur zur Dekoration.
Wenn Sylvia zu ihm zurückgelaufen wäre, wäre er weiterhin ein ganz durchschnittlicher Vater gewesen und Betty wäre spurlos verschwunden, wie sie es geplant hatte. Das Leben könnte mehr oder weniger gleich bleiben, wenn sie nur den Mut fände, aufzustehen und nach Hause zu laufen. Jenny begegnete ihrem Blick. Sie hockte ihr gegenüber am Rand der Plastiksitzreihe und sah aus, als würde sie gleich weinen. Sylvia hätte ihre Mutter bei dem bizarren Abenteuer, das sie

geplant hatte, im Stich lassen können, aber sie konnte Jenny nicht allein lassen. Sie konnte es einfach nicht. Gemeinsam, ihr spärliches Gepäck und die Hände der anderen fest umklammert, stiegen die Mädchen in den Bus nach Indianapolis und hofften das Beste.

Im Bus roch es leicht nach Urin und die einzigen anderen Insassen waren Sylvia ehrlich gesagt unheimlich. Auf der Rückbank saß ein Mann mit wildem Blick und buschigem Bart, umgeben von leeren Bierdosen. Weiter vorne lehnte eine alte Dame, die nicht mehr zu atmen schien, mit dem Kopf am Fenster. Die Schwestern setzten sich gemeinsam hinter ihre Mutter und Sylvia beschwerte sich nicht ein einziges Mal, obwohl Jenny alles daran zu setzen schien, ihr jeden Knochen in der Hand zu brechen. Während der Bus rumpelte, ließen die heftigen Schrecksekunden nach und die Erkenntnis, dass es noch mitten in der Nacht war, wurde ihnen immer bewusster. Jenny war die Erste, die einschlief, ihr Schnarchen war ein sanftes Säuseln in Sylvias Haar. Als Nächstes sackte ihre Mutter über ihre überfüllte Handtasche nach vorne in sich zusammen und begann zu sabbern. Sylvia war die Letzte, die einschlief. Die Nervosität rüttelte sie jedes Mal wach, wenn der Bus ratterte, aber die Erschöpfung ließ sie genauso schnell wieder einschlafen.

Noch vor Sonnenaufgang trafen sie in Indianapolis an, holten ihre Koffer aus dem Bus und machten sich mit „neuer Hoffnung im Herzen“ auf den Weg in die Stadt, wie Betty sagte. Leider war die neue Hoffnung in ihren Herzen nicht mit Geld in ihren Taschen verbunden. Betty hatte alles, was sie bei sich hatte, für die Bustickets ausgegeben, und nun war ihr großes Abenteuer abrupt zu Ende, bevor es überhaupt begonnen hatte. Sylvia blieb stoisch, aber es dauerte nicht lange, bis Jenny sich über das fehlende Frühstück beschwerte. Bettys Augen leuchteten vor lauter romantischen Vorstellungen, wie sie sich um ihre Babys kümmern sollte, jetzt, wo sie ganz allein auf der Welt waren, und ein paar Minuten später warteten die Mädchen vor einem Minimarkt, während ihre Mutter hineinging, um ihnen etwas zu essen zu holen. Sylvia vibrierte förmlich vor Spannung, noch bevor das Polizeiauto vor dem Gebäude vorfuhr. Als Betty in Handschellen abgeführt wurde, musste Sylvia Jenny wegzerren, damit sie sie nicht verriet und sie alle ins Gefängnis gesteckt wurden. Den Rest des Tages waren die Mädchen ziellos in der Stadt herumgestreift, bis Darlene sie gefunden und zu sich nach Hause gebracht hatte.

Paula war von der ganzen Dramatik der Geschichte ziemlich angetan, und während sie Jenny inzwischen für stumpfsinnig hielt, könnte Sylvia eine gute Freundin werden. Mit diesem Gedanken im Hinterkopf ging sie den Flur entlang zum Zimmer ihrer Mutter, die wie eine Leiche regungslos in ihrem Bett lag, und fragte, ob die beiden Mädchen über Nacht bleiben könnten, indem sie die Geschichte ihrer Flucht vor einem misshandelnden Ehemann erzählte, in der Hoffnung, etwas Mitgefühl in der emotionslosen Frau zu wecken. Gert rappelte sich auf und schlich mit einem Grinsen zu den Mädchen, das Jenny erschaudern ließ. „Ihr reizenden Mädchen seid herzlich eingeladen, über Nacht zu bleiben. Natürlich seid ihr das. Macht euch keine Sorgen. Wir werden uns gut um euch kümmern und morgen früh werden wir herausfinden, wo eure Mutter geblieben ist. Macht euch keine Sorgen."

In diesen Worten steckte so viel Wärme, dass selbst die stets skeptische Sylvia nicht an ihnen zweifelte. Sie bedankte sich ausgiebig bei „Mrs Wright“, bis die Frau sie mit einem Kichern stoppte. „Nennt mich einfach Mom, Liebes, das tun alle. All die kleinen Jungen und Mädchen, die durch diese Tür kommen.“

Die Likens-Mädchen schliefen in dieser Nacht in Paulas Bett, nachdem Darlene nach Hause gegangen war, und nach den anstrengenden Strapazen des Vortages wachten sie erst kurz vor Mittag auf, als das laute Hämmern an der Tür alle Hausbewohner weckte. Gert schlich im Nachthemd hinunter und riss die Tür auf, weil sie irgendeinen dummen Vertreter erwartete. Stattdessen sah sie sich Lester Likens gegenüber. Direkt hinter ihm stand Darlene McGuire.

Darlene hatte Lester auf der Suche nach seinen Töchtern auf der Straße getroffen. Man hatte ihn angerufen, nachdem seine Frau ins Bezirksgefängnis gebracht und die Kaution festgelegt worden war. Der gesamte Papierkram wurde bereits bearbeitet und Betty würde noch vor Ende des Tages entlassen werden. Ihre kurze Trennung und der Schmerz, den sie beide empfunden hatten, reichten aus, um sie zu versöhnen, und durch die Glasscheibe des Besucherraumes im Gefängnis erneuerten die beiden ihre Liebes- und Treueschwüre und begannen, Pläne für die Zukunft zu machen. Pläne, die wieder einmal ihre romantischen Vorstellungen in den Mittelpunkt stellten und ihre Töchter an den Rand drängten.

Lester schenkte Gert ein zahnloses Grinsen und begann zu erklären. Er habe Freunde, die als Schausteller auf Tournee waren und gutes Geld verdienten, und sowohl Betty als auch Lester hätten von einem von ihnen, der nun in Richtung Süden zog, ein Jobangebot bekommen. Nur leider gäbe es auf dem Rummel keinen Platz für Kinder. Die Mädchen waren aus dem Haus gestürmt, um ihren Vater zu begrüßen, sobald sie von seiner Ankunft erfuhren, und waren erleichtert zu hören, dass seine Probleme mit Betty zumindest vorübergehend ein Ende hatten. Sie waren jedoch etwas erstaunt über seinen Plan, sie zurückzulassen. Er wechselte sofort zu der beschwörenden Stimme, die er gewöhnlich benutzte, wenn er ihre Mutter verärgert hatte, und sprach darüber, was für eine großartige Gelegenheit das für sie war. Dass sie dadurch für eine bessere Zukunft der Mädchen sparen könnten. Die beiden waren zwar nicht überzeugt, wollten Lester aber auch nicht widersprechen. Schließlich wandte der Vater sich an Gert und fragte sie ganz offen, ob sie die Mädchen aufnehmen würde. Er würde ihr zwanzig Dollar pro Woche für Unterkunft und Verpflegung geben. Mit zwanzig Dollar pro Woche konnte Gert für den Rest ihres Lebens Zigaretten kaufen, und regelmäßiges, sicheres Geld war in ihrem Haus eine Rarität. Es bedurfte nur wenig Überzeugungsarbeit, bis sie seinem Vorschlag zustimmte. Bei der Anzahl der Kinder, die bereits in ihrem Haus lebten, würden ein paar mehr wahrscheinlich gar nicht auffallen, scherzte sie.

Nachdem sie sich an der Türschwelle geeinigt hatten, schüttelte Lester Gert die Hand und machte sich auf den Weg, um die Übergabe der restlichen Habseligkeiten der Mädchen zu organisieren. Nicht ein einziges Mal hatte er das Haus betreten und seinen entsetzlichen Zustand gesehen. Er schaute sich auch nicht lange genug um, um zu erkennen, dass es nur halb so viele Betten gab, wie Menschen dort lebten. Er war einfach nur froh, dass er noch einmal eine Chance mit seiner Frau bekam.

Im Haus tat Paula so, als wäre sie froh, dass die neuen Mädchen einzogen, und erklärte Sylvia, dass sie nun wie Schwestern sein würden, aber sie fühlte sich schon in diesem Moment bei dem Gedanken unwohl, dass diese Fremden bei ihnen wohnen würden. Unter normalen Umständen hätte sie diese beiden verlorenen Seelen wahrscheinlich aufrichtig umarmt, aber die Umstände waren alles andere als normal, da sie versuchte, ein großes Geheimnis zu bewahren. Eines, das sich vor zwei gleichaltrigen Mädchen, mit denen sie sich ein Zimmer teilen würde, kaum verbergen ließe.

Die versäumte Zahlung

In der ersten Woche ihres seltsamen neuen Mietverhältnisses waren die Likens-Mädchen verwirrt von der seltsamen „Mom“ und dem Haus voller Nachbarskinder. In gewisser Weise wirkte es fast wie eine Teenager-Utopie, in der es keine Regeln gab, außer denen, die sie selbst beschlossen hatten, zu befolgen. Leider führte dies wie in so vielen anarchistischen Epochen der Weltgeschichte zu einer schrecklichen Hierarchie des Sozialdarwinismus, in der die Starken die Schwachen ausbeuteten. Alle Baniszewski-Kinder besaßen in diesem Kreis eine gewisse Macht, weil es ihr Zuhause war, wobei die älteren Mädchen Paula und Stephanie den Löwenanteil innehatten. Außerdem erlangte jener Junge, der von den beiden gerade bevorzugt wurde, ein gewisses Maß an Respekt und Macht, wobei Stephanies sporadische Freunde sich an die Spitze der Gruppe setzten. Gert griff nur ein, wenn eine Situation zu Ungunsten ihrer Kinder ausgehen könnte – und das auch nur, wenn sie das Gefühl hatte, dass die Dinge außer Kontrolle gerieten. Selbst in diesem Chaos gab es bestimmte Rituale, zu deren Einhaltung sie die Familie zwang. Sie besuchten jeden Sonntag die Kirche, und wenn

unter der Woche andere Veranstaltungen stattfanden, schrubbte sie eigenhändig jedes Kind und schickte es mit. Sie war sich bewusst, wie zaghaft ihr Griff nach Ehrbarkeit war, und hatte schon vor langer Zeit erkannt, dass eine Bürgschaft der Kirche für sie ein guter Weg war, um sich selbst nicht wirklich ändern zu müssen.
Die Likens-Mädchen besuchten regelmäßig die Schule, was Gert wieder einmal mit der gleichen wortlosen Strenge durchsetzte, mit der sie alle Kinder zum Kirchgang anhielt. Selbst als Jenny wegen ihrer Beine Schmerzen hatte, ging sie immer noch hin. Schulschwänzen war ein weiteres Zeichen von Ungehörigkeit, das Gert nicht dulden würde. Sie versuchte verzweifelt, ihre persönliche Situation zu verheimlichen, obwohl schon so viele Leute durch die Gerüchteküche in der Nachbarschaft davon erfahren hatten. Die Likens-Mädchen schienen in der Schule gut zurechtzukommen, schrieben passable Noten und fanden leicht Freunde. Der Baniszewski-Clan besaß ein großes Ansehen in der Schule und die Tatsache, dass Paula für die neuen Mädchen bürgte, trug viel zu ihrer sozialen Glaubwürdigkeit bei.
Als die Likens-Mädchen eines Tages nach der Schule zurückkehrten, fanden sie das Haus seltsam ruhig vor. Keiner ihrer Schulfreunde war dort, nur die Baniszewski-Kinder selbst waren anwesend. Die Schwestern glaubten, sie seien in ein neues Familienritual geplatzt, das sie nicht kannten, und wollten sich solange zurückziehen, bis sie Paula fragen konnten, was vor sich ging. In dem Zimmer, das sich die Mädchen teilten, wartete jedoch nicht nur Paula, sondern auch Gert. Wortlos packten die beiden Frauen Sylvia und zwangen sie mit dem Gesicht nach unten auf den Haufen

schmutziger Kleidung, den sie als Bett benutzen musste. Gert brüllte: „Ich habe mich umsonst um euch zwei kleine Schlampen gekümmert! Leg dich hin! Sofort!"

Unter Paulas Kichern kletterte die Frau auf Sylvia und zog ihr Rock und Unterwäsche herunter, bevor sie mit einem Kochlöffel auf Sylvias nackten Hintern schlug. Das Mädchen schrie die ganze Zeit. Jenny war vor Schreck wie erstarrt und musste sich entscheiden, ob sie um ihr Leben rennen oder versuchen sollte, ihrer Schwester zu helfen. Doch sie hatte keine Gelegenheit, eine Entscheidung zu treffen. Paula packte sie und warf sie auf das Behelfsbett neben Sylvia, wobei sie Mühe hatte, ihr Unterwäsche und Rock hinunterzuziehen, weil sie sich hoffnungslos in Jennys Beinschienen verhedderten. Gert ließ auch auf Jennys Hintern Schläge niederprasseln und schlug dann auf die ohnehin schon schmerzenden Oberschenkel ein, was dem Mädchen laute Schmerzensschreie entlockte.

„Euer nichtsnutziger, verlogener Vater hat mir versprochen, dass er für euren Unterhalt aufkommen wird. Das war vor einer Woche und ich habe nicht einen verdammten Penny von ihm gesehen. Ich habe euch gefüttert und gewaschen und euch ein Dach über dem Kopf gegeben und euch gut erzogen, und dieser Bastard hat mir nicht einmal einen mickrigen Dollar geschickt. Zwanzig Dollar pro Woche. Darauf haben wir uns geeinigt. Zwanzig Dollar. Ein Almosen. Damit es seinen geliebten Töchtern gut geht. Nun, euch wird es nicht mehr gut gehen. Nicht, wenn ich meine zwanzig Dollar nicht bekomme! Habt ihr Schlampen mich verstanden? Wenn er nicht zahlt, werdet ihr geschlagen!"

Die Schläge prasselten weiter auf die Mädchen ein und je mehr sie schrien, desto wütender wurde Gert. Beim Ausholen

zertrümmerte sie einen Spiegel und als Paula mit einem entsetzten Schrei nach vorne sprang, erwischte der Stock auch ihre Fingerknöchel. „Mom!"
Gert wurde schließlich langsamer und hielt dann inne, wobei sie die Spitze des Stocks mit sichtbarem Vergnügen über die Kurve von Sylvias rotem wunden Po gleiten ließ. Ihre Atmung war genauso rasend wie das Schluchzen des Mädchens, als sie sich hinunter beugte und ihm ins Ohr zischte: „Wenn euer Daddy bis morgen nicht bezahlt hat, was er soll, bekommst du dasselbe noch mal. Und wenn er bis Ende der Woche nicht gezahlt hat, biete ich euch Mädchen für einen Dollar pro Nummer an, bis ich mein Geld habe. Habt ihr mich verstanden, ihr kleinen Huren?"
Sylvia stöhnte ein Ja, was zu genügen schien, um Gert zu befriedigen. Sie verließ den Raum mit einem spöttischen Grinsen im Gesicht. Paula folgte ihr einen Moment später und drängte sich durch die Menge ihrer jüngeren Brüder, die sich in der Tür versammelt hatten, um zum ersten Mal einen Blick auf ein unbekleidetes Mädchen zu erhaschen.
Diese Demütigung schmerzte die Mädchen fast so sehr wie die Schläge, die sie gerade erhalten hatten. Am nächsten Tag musste Sylvia Jenny helfen, in die Schule zu humpeln, und jeder Schritt trieb ihr die Tränen in die Augen. Paula schlenderte vor ihnen her, immer noch mit einem überlegenen Grinsen im Gesicht. Lesters Scheck traf noch am selben Morgen ein, versehentlich verzögert durch den Postdienst, da er die Staatsgrenzen überquerte.
Zu Hause gab es nie viel zu essen. Gert sorgte stets für leere Schränke und schickte eines der älteren Kinder nur dann los, um etwas Einfaches zu holen, wenn sie selbst hungrig genug war, was selten vorkam. Es dauerte nicht lange, bis die Likens-

Mädchen auf Nahrungssuche gingen, da ihnen die gelegentlichen Mahlzeiten nicht reichten. Sie hatten herausgefunden, dass sie weggeworfene Colaflaschen im Laden um die Ecke abgeben konnten und so zogen sie eines Tages nach der Schule los. Nachdem sie die umliegenden Straßen durchkämmt hatten, hatten sie genug gesammelt, um sich ein paar Süßigkeiten zu kaufen. Auf dem Rückweg zum Haus aßen sie eine ordentliche Portion davon, aber Sylvia bestand darauf, etwas für die Baniszewski-Kinder aufzubewahren, mit denen sie immer noch sehr viel Mitleid hatte, obwohl sie sich an ihrer Demütigung ergötzt hatten.

Gert ertappte sie dabei, wie sie die Süßigkeiten verteilten, und wurde sofort wieder rasend vor Wut. Sie beschuldigte die Mädchen, sie gestohlen zu haben, und als Sylvia zu erklären versuchte, wie sie das Geld verdient hatten, wurde sie in ihr Zimmer gezerrt, zu Boden geworfen und abermals geschlagen. Diesmal war Jenny so klug, sich ruhig zu verhalten, aber Paula und Stephanie kamen beide herein, um zuzusehen, wie Sylvia wieder die Unterwäsche ausgezogen und mit einem Holzlöffel geschlagen wurde, während Gert immer wieder rief: „Diebin! Lügnerin! Diebin! Lügnerin!“ Sie fixierte Jenny mit einem starren Blick. „Willst du mich auch anlügen, du kleine Diebin? Ich tue alles für euch und so dankt ihr es mir? Na, kleine Lügnerin? Wo sind deine Lügen? Welche Geschichte willst du mir auftischen? Komm her, kleine Diebin, und erzähl uns deine Geschichte!“

Mit jedem Ausbruch versetzte sie Sylvia einen weiteren brennenden Schlag auf die Rückseite ihrer Oberschenkel. Jede höhnische Forderung wurde von einem weiteren Schrei begleitet. „Antworte mir, du verlogene kleine Schlampe! Sag mir die Wahrheit!“

Jenny konnte durch das laute Schluchzen kaum sprechen, zumindest bis Paula sie am Pferdeschwanz packte und den Kopf zurückriss. „Es ist ... es ist wie du gesagt hast. Wir haben die Süßigkeiten gestohlen. Wir haben sie gestohlen. Bitte ... bitte hör auf."

Mit einem Siegesschrei hämmerte Gert mit dem Löffel auf Sylvias Rücken. „Ich habe es gewusst! Ich habe gewusst, dass du eine miese kleine Lügnerin bist."

Sie riss Sylvias Kopf am Pferdeschwanz hoch, sodass sie die Tränen auf dem Gesicht des Mädchens und den Schrecken in ihren Augen sehen konnte. „Wenn du mich jemals wieder anlügst, wird es das letzte Mal sein. Hast du mich verstanden, du dreckige kleine Schlampe? Hast du mich verstanden?"

Sylvia presste zwischen zusammengebissenen Zähnen ein Ja hervor.

Genauso plötzlich, wie der ganze Wahnsinn begonnen hatte, war er auch wieder vorbei. Gert stürmte aus dem Zimmer, Paula folgte ihr und schüttelte im Hinausgehen in vorgetäuschtem Entsetzen den Kopf. Jenny eilte zu ihrer Schwester und nahm sie in den Arm, während Sylvia jämmerlich schluchzte. Nur ihre Schwester hörte ihr Flüstern. „Ich wollte doch nur nett sein."

Der Hotdog

Von diesem Moment an zeigten sich Sylvia und Jenny von ihrer besten Seite, das heißt, sie versuchten, völlig unbemerkt zu bleiben. Sylvias Schulfreunde sahen zu, wie sie sich von ihnen entfernte und immer stiller wurde. Die Kinder aus der Nachbarschaft, die sich anfangs sehr für sie interessiert hatten, hielten sie nun für genauso langweilig wie ihre Schwester und grenzten sie beide aus. Die Schwestern gingen Gert so weit wie möglich aus dem Weg, denn sie wussten, dass sie vor ihren bizarren Anschuldigungen nur sicher wären, wenn sie außerhalb ihrer Sichtweite blieben. Doch auch das reichte nicht aus, um sie vor Gerts stetig zunehmendem Wahnsinn zu schützen.

Eines Abends veranstaltete die Kirche eine Tombola, zu der die Baniszewski-Kinder gehen mussten, damit die Mutter ihre Präsenz in der Gemeinde aufrechterhalten konnte, ohne sich bewegen zu müssen und im Bett bleiben zu können. Das Ganze war wie immer eine ziemlich langweilige Angelegenheit, aber die Likens-Schwestern freuten sich insgeheim sehr. Reverend Julian war ein freundlicher Mann und ganz anders als die Gift und Galle spuckenden Prediger, denen sie früher mit ihren Eltern begegnet waren. Er schien sich wirklich um das Wohlergehen seiner Gemeindemitglieder zu kümmern, was bedeutete, dass er ihnen jedes Mal, wenn er sie sah, etwas Essen als Almosen zusteckte. Er hatte beobachtet, wie sie in den letzten Monaten an Gewicht verloren hatten, und dank der Gerüchte wusste er, dass die freundliche Gertrude die Waisenkinder eingeladen hatte, bei ihnen zu wohnen, obwohl das Geld im Baniszewski-Haushalt knapp war. Das Mindeste, was er da tun konnte, war, ihnen einen kleinen Teil des Buffets zu geben, das er aus den essbaren Spenden aufgebaut hatte.

Die Likens-Mädchen hatten seit drei Tagen nichts mehr gegessen und waren zittrig und schwach. Sylvia musste ihre Schwester mehrmals davon abhalten, sich zu gierig am Buffet zu bedienen. Sie war sich der mitleidigen Blicke der anderen Anwesenden schmerzlich bewusst und fest entschlossen, keine Aufmerksamkeit auf sich zu ziehen, weshalb sie sich auf einige Sandwiches beschränkte, die sie im Laufe der Veranstaltung verteilten. Das und ein kleines Stückchen Schokoladenkuchen, das Reverend Julian ihr zum Abschied in die Hand drückte. Auf dem Heimweg stütze sie ihre Schwester, als die übliche Schwäche ihrer Beine sie in Verbindung mit der Unterernährung zum Stehenbleiben zwang.

Als sie wieder im Haus waren, brachte Sylvia Jenny ins Bett und versuchte, sie zu beruhigen, während das übliche Getöse aus dem Wohnzimmer immer lauter wurde. Gert schien jedoch nichts dagegen zu haben, dass die Mädchen schlafen gegangen waren. Vielmehr schien ihr alles recht zu sein, was sie außer Sichtweite hielt. Sylvia warf einen langen, harten Blick auf ihr eigenes „Bett“. Wenn sie hierbliebe, gäbe es keine bissigen Kommentare und keine Möglichkeit für „Mom“, sie wegen einer neuen eingebildeten Kränkung zu bestrafen. Doch die Musik und das Lachen im Wohnzimmer klangen ein wenig zu verlockend und Sylvia beschloss, dass sie sich einige fröhliche Momente verdient habe, auch wenn sie nur am Rande daran teilnehmen konnte.

Als sie auf den Flur hinausging, wurde es still im Wohnzimmer. Mit einem dumpfen Grauen ging sie weiter und sah Gert inmitten der Kinder sitzen und Hof halten. „Und hier kommt das kleine Schweinchen.“

Heute Abend waren kaum Kinder aus der Nachbarschaft da, aber Gerts Kinder reichten schon aus, um den kleinen Raum zum Bersten zu bringen. Die Kleinen fingen an, grunzende Geräusche zu machen, bis Gert sie mit einem Blick zum Schweigen brachte. „Ich habe gehört, dass du wieder unterwegs warst, um Schande über mich zu bringen.“

Sylvia überlegte, ob sie in ihr Zimmer zurücklaufen könnte, aber das würde nichts nützen – es gab keine Türen. Die Menge könnte einfach herbeiströmen und sie zurück in den Gerichtssaal zerren. „Ich weiß nicht, was du meinst ... Mom.“

Sie konnte sich nicht oft dazu durchringen, den Namen zu benutzen, den Gert für sich gewählt hatte, aber es schien die Matriarchin dieses erbärmlichen Clans immer glücklich zu machen, wenn sie es tat.

An den gierigen Blicken, die Paula und Stephanie ihr zuwarfen, konnte Sylvia erkennen, dass sie jede Hilfe brauchen würde, die sie bekommen konnte. Gerts Gesicht war regungslos und hart wie Stein. „Warum bist du nur so ekelhaft?“

Die Kleinen begannen daraufhin zu kichern. Sylvia hatte keine Ahnung, was sie darauf antworten sollte, und starrte auf ihre abgewetzten Schuhspitzen.
„Dachtest du, niemand würde merken, dass du dich vollgestopft hast, du Schwein? Dachtest du, dass meine wunderbaren Kinder keine Augen im Kopf haben? Dachtest du, die ganze Nachbarschaft würde nicht darüber reden, dass du das ganze Essen, das für alle gedacht war, in deinen dreckigen Rachen gestopft hast? Weißt du, was sie jetzt flüstern? Sie flüstern, dass die alte Gert sich nicht um die Kinder kümmert. Dass ich dich verhungern lasse. Warum willst du mich nur so sehr beschämen? Warum tust du das? Wurdest du von Tieren aufgezogen? Bist du in einem Schweinestall aufgewachsen und von einer Sau gesäugt worden?“
Sylvia spürte bereits, wie ihr die Tränen in die Augen stiegen. Ihr Magen schmerzte vor Hunger, selbst nach dem zusätzlichen Leckerbissen, den der Reverend ihr zugesteckt hatte. Sie war inzwischen immer hungrig. Sie hatte ständig Bauchweh, entweder vor Hunger oder Angst, und dieser konstante Schmerz brachte sie dazu, dumme Dinge zu tun, wie zum Beispiel zu antworten. „Ich habe nicht ... das würde ich nie tun ...“
Gert richtete sich ruckartig im Stuhl auf. „Jetzt sind also meine Babys alle Lügner, oder was? Und all die guten Menschen in der Kirche, die du alle als Lügner bezeichnest? Wenn der Reverend vor meiner Tür steht und über die Sünde der Völlerei klagt und darüber, wie niederträchtig und entwürdigend du bist, weil du dir die Reste, die die Kirche ihm zu essen gibt, in den Bauch schlägst, soll ich dir dann glauben? Ich soll einer dreckigen Lügnerin wie dir mehr glauben als

einem Priester? Anstelle des Wortes Gottes selbst sollen wir das Evangelium von Sylvia Likens, der dreckigen kleinen Lügnerin, hören?“

„Ich habe nicht gesagt, dass ...“

„Du hattest keine Zeit, irgendetwas zu sagen, als du dich so vollgestopft hast. Du ekelst mich an. Hast du Hunger, Sylvie? Bist du so hungrig, dass du dich so blamieren musst? Dass du uns alle blamieren musst?“

Die Tränen, die sie bis dahin zurückgehalten hatte, liefen Sylvia über die Wangen, aber das schien „Mom“ nur noch wütender zu machen. Sie beugte sich nach vorne und gab ein schreckliches Krächzen von sich, das zwischen einem Keuchen und einem Lachen lag. Sylvias verräterischer Magen gab in diesem Moment ein furchtbares Grummeln von sich und Gert wippte in ihrem Stuhl zurück. „Nun, es ist vielleicht kein feines Essen, wie du es gewohnt bist, aber ich wollte dir heute Abend etwas kochen. Hast du noch etwas Platz oder hast du dich schon zu voll gestopft?!“

Sylvia schüttelte erneut den Kopf. Sie war sich nicht mehr sicher, worauf sie antwortete, und wollte die ganze Situation einfach nur verleugnen.

Als sie aufblickte, war Gert bereits aufgestanden und kam auf sie zu. Sie packte Sylvia an den Haaren und zerrte das heulende Mädchen durch den Korridor in die schmutzige Küche. Dann warf sie es auf den einzigen Stuhl, der noch alle Beine hatte, und ging zu den Schränken. Sie holte ein altbackenes Brötchen aus einem Schrank, eine Dose Hotdogs aus einem anderen und ein zerfetztes Messer aus einer Schublade. Sie ließ Sylvia keinen Augenblick aus den Augen, als sie das Brötchen anschnitt, die kalte, tropfende Wurst hineinschob und zu ihr ging. „Wir können doch nicht zulassen, dass du hungerst, oder? Ich möchte nicht, dass die ganze Nachbarschaft erfährt, wie hungrig die arme, eingebildete Sylvie ist. Sie hat noch keinen Tag in ihrem Leben gearbeitet. Sie vergeudet die besten Jahre ihres Lebens damit, im Haus einer armen alten Frau herumzuhängen und ihre Freundlichkeit auf jede erdenkliche Weise auszunutzen."

„Es tut mir leid."

„Wie bitte? Hast du Hunger? Nun, keine Sorge, meine Liebe, ich habe hier etwas für dich. Oh, warte. Warte. Ich kann dir nicht etwas so Einfaches geben. Das ist nicht gut genug für die kleine Miss Sylvie. Es muss schick sein! Also lass es uns schick machen!"

Gert öffnete die Schränke und kramte darin herum, bis sie Senf und Ketchup fand. Dann leerte sie fast die ganze Flasche auf das Brötchen in ihrer Hand, bis sich die Soße über den Rand ergoss und auf den Boden lief. „Das passt schon eher. Eine Mahlzeit, die für eine schicke kleine Prinzessin geeignet ist. Die arme, hungernde Sylvia. Na los. Iss auf."

„Ich will nicht ... Ich kann nicht ..."

Gert rammte es ihr in die halbgeschlossenen Lippen und schrie: „Iss das, du kleine Schlampe! Ich habe es extra für dich gemacht. Du bist so hungrig, dass du uns alle beschämen musst. Also iss es."

Sylvia verschluckte sich an dem Senf, der es über ihre geschlossenen Lippen geschafft hatte, und begann zu husten. Gert nutzte ihre Chance und rammte dem Mädchen den ganzen Hotdog und das Brötchen in den Mund und schrie: „Iss das, du Schlampe. Iss es bis zum letzten Bissen!"

Sylvia versuchte, sich zu befreien, aber Gert schob sich nach vorne, bis der Stuhl gegen die Wand stieß, und rammte den Hotdog immer wieder in den Mund des Teenagers, wobei in ihren Augen eine dunkle Leidenschaft loderte, die Sylvia nicht einmal ansatzweise verstehen konnte. Der Hotdog schlug in ihrem Hals ein und sie würgte, was Gert eine weitere Gelegenheit gab, ihn hineinzustopfen. Die ganze Zeit über schimpfte und tobte die Frau. „Warum hast du das getan, Sylvie? Warum ruinierst du diesen strammen kleinen Körper? Kein Mann wird dich wollen, wenn du fett bist. Niemand wird dich je wollen, wenn du fett bist. Du wirst am Ende ganz allein sein. Du wirst ganz allein in einem Haus voller undankbarer kleiner Bastarde enden, die dich bei jeder Gelegenheit beschämen. Du wirst hässlich und aufgedunsen sein. Du wirst so dick sein, dass die Leute dich auslachen, wenn sie dich die Straße entlang watscheln sehen. Ist es das, was du willst, du ranzige kleine Schlampe? Willst du deinen perfekten kleinen Körper ruinieren, indem du dich mit Essen vollstopfst?"

Sylvia hatte keine Gelegenheit zu antworten. Sie konnte nur versuchen, den Brei aus Brot und Gewürzen im Mund zu kauen und sich nicht an den gummiartigen Klumpen des kalten Hotdogs zu verschlucken, bevor Gert ihr den Mund wieder aufriss, um noch mehr hineinzustopfen. Sie hatte die Hälfte des Hotdogs geschafft, bevor sie von Übelkeit übermannt wurde. Der schleimige Ketchup lief ihr über das Gesicht, der scharfe, brennende Geschmack des Senfs brannte in der Kehle. Ihr standen die Tränen in den Augen. Was als emotionaler Zusammenbruch begonnen hatte, wurde durch den scharfen Essiggeruch des Senfs und das ständige Würgen fortgesetzt. Als Gert ihr die schmutzigen Finger in den Mund steckte, um den letzten Bissen hinunterzudrücken, war es zu viel. Sylvia verschluckte sich und würgte dann das giftige Gemisch hoch, das man ihr gerade eingeflößt hatte. Gert sprang zurück und starrte sichtlich angewidert darauf, wie

sowohl der Hotdog als auch alles andere, was Sylvia an diesem Abend gegessen hatte, auf dem Küchenboden verteilt wurde.
Als das Mädchen endlich aufhörte, sich zu übergeben, klopfte Gert ihr sanft auf den Rücken und drückte ihr die übrig gebliebene Hälfte des Hotdogs in die Hand. „Iss einfach den Rest, dann bist du fertig."
Sylvia sah zu ihr auf, die Tränen liefen ihr noch immer über das Gesicht, aber der Schimmer von Mitgefühl, den sie in Gerts eingefallenen Augen zu finden hoffte, war einfach nicht da. Mit zitternden Händen hob sie den Hotdog zum Mund und nahm einen zaghaften Bissen. Die üble Geschmacksmischung aus Galle, Senf und eklig-süßem Ketchup ließ sie fast sofort wieder würgen. Sie zwang den ersten Bissen hinunter, atmete schwer durch die Nase und versuchte, ruhig zu bleiben. Dann beugte sie sich vor und nahm einen weiteren Bissen von der matschigen Masse und schluckte ihn hinunter, obwohl ihr ganzer Körper versuchte, ihn wieder herauszudrücken. Sie könnte es schaffen. Sie könnte es aufessen. Sie war stark. Das redete sie sich immer wieder ein. Gert sah mit kaum verhohlener Lust zu und beobachtete jeden Knoten, der Sylvias schlanken Hals hinunterglitt, mit furchterregender Aufmerksamkeit. Ihre Faszination schlug in Frustration um, als Sylvia sich durch die ganze grausige Mahlzeit kaute.
Als das Mädchen den letzten Bissen hinunterschluckte, blickte es strahlend und siegessicher zu ihr auf. „Ich habe alles aufgegessen!"
Gerts Mund verzog sich zu einem beruhigenden Lächeln, aber sie schüttelte den Kopf. „Das hast du gut gemacht, mein Schatz, aber du bist noch nicht fertig. Ich habe dir gesagt, du sollst den Rest essen."

Sie zeigte mit ausladender Geste zu dem Erbrochenen, das auf dem Boden verteilt war. Inmitten des säuerlich riechenden, teilweise verdauten Essens war es fast zu einfach, die rosafarbenen Klumpen des Hotdogs zu erkennen, die auf dem Boden verstreut waren. Auch ohne das Erbrochene war der Boden so schmutzig, dass allein der Gedanke, davon zu essen, ekelhaft war. Sylvias Verstand rebellierte gegen die Vorstellung, was Gert von ihr verlangte. Sie saß auf dem Stuhl, starrte auf das Erbrochene und gab sich alle Mühe, nicht hysterisch zu lachen. Das musste ein Scherz sein. Niemand konnte von ihr erwarten, dass sie das aß.

Gert kippte sie aus dem Stuhl auf Hände und Knie und schrie: „Iss das, du kleine Schlampe. Iss es." Dann stellte sie den Fuß auf Sylvias Rücken, zwischen ihre Schulterblätter, und drückte ihr Gesicht in den gelben Schleim. „Iss!"

Sylvia schloss die Augen und öffnete den Mund. Das passierte nicht wirklich. Das konnte nicht wirklich passieren. Sie spürte, wie etwas ihre Lippen berührte, und es kostete sie all ihre Kraft, sich nicht wieder zu übergeben. Wenn sie das erneut tat, müsste sie noch mehr essen. Jedes Mal, wenn sie sich übergab, müsste sie diese Prozedur wiederholen. Das konnte sie nicht tun. Also hielt sie die Augen geschlossen und leckte die übel schmeckende Flüssigkeit wie ein Hund auf. Es gab so viel Senf, dass sie kaum etwas anderes schmecken konnte. Alles, was sie zu ertragen hatte, waren die Textur und die Schleimigkeit. Von der Tür her ertönte ein wildes Gelächter, aber Sylvia hielt die Augen geschlossen. Natürlich sahen die Baniszewski-Kinder zu, wie sie litt. Natürlich lachten sie. Sie hatte nichts anderes von diesem lebenden Albtraum erwartet. Gert hatte die Finger um eine Haarsträhne gewickelt und führte Sylvia wie ein Haustier über den Boden. Führte ihren Mund zu jedem Fleck Erbrochenem. Dabei zischte sie ihr eine anhaltende Litanei ins Ohr. Gert beugte sich so dicht vor, dass Sylvia ihre trockenen Lippen im Nacken spüren konnte. „Iss es bis zum letzten Bissen. Werde fett. Werde so fett, dass dich niemand mehr haben will. Mach schon, Schweinchen. Schling alles runter. Du warst so hübsch. Du warst so ein hübsches Mädchen, aber du musstest ja alles ruinieren. Du hast alles ruiniert, und jetzt will dich niemand mehr. Du wirst für immer allein sein."

Sylvia hielt die Augen fest verschlossen und versuchte, sich vorzustellen, dass sie irgendwo anders war. Dass sie etwas anderes tat. Dass sie irgendetwas anderes aß. Alles, nur nicht die Bitterkeit von Galle und Senf. Doch selbst das war noch nicht das Schlimmste. Das Schlimmste waren die seltsam knusprigen Stücke, die über ihren Gaumen kratzten. Die Dinge, die keine Lebensmittel sein konnten. Die Dinge, die eindeutig Splitter oder Dreck waren, die seit Monaten oder Jahren auf dem Boden gelegen hatten. Bei jedem Schlucken erschauderte sie und hatte Mühe, den Inhalt ihres aufgewühlten Magens zurückzuhalten, aber sie konnte das nicht noch einmal tun, also behielt sie alles für sich. Dann war es ohne Vorwarnung plötzlich vorbei. Gert riss sie hoch und strich ihr das Haar aus dem Gesicht, wischte dem Mädchen mit dem Ärmel Senf und Ketchup von der Wange und seufzte wehmütig. „Ich bestrafe dich nur, weil ich mir Sorgen um dich mache. Das weißt du. Wenn du einfach nur brav wärst, könnten wir uns all diese Unannehmlichkeiten ersparen. Aber jetzt hast du deine Lektion gelernt, nicht wahr? Du wirst mich nie wieder so beschämen, oder? Du wirst von nun an ein braves Mädchen sein, und ich werde dich nie mehr bestrafen müssen. Würden sich deine Eltern nicht sehr für dich schämen, wenn sie wüssten, was du gerade getan hast? Wenn sie wüssten, warum du es tun musstest? Sie würden dich dafür hassen, nicht wahr? Sie wären nicht so nett zu dir, wie ich es bin, und würden versuchen, dir eine Lektion zu erteilen, damit du nicht dein ganzes Leben ruinierst."

Gelähmt vor Angst vor der neuen Hölle, die Gert ihr als Nächstes auferlegen würde, nickte Sylvia zur Kaskade von Lügen, die sich immer weiter fortsetzte. Wie ein schüchternes Lamm ließ sie sich von Gert zum Waschbecken führen, um sich den Dreck aus dem Gesicht zu waschen. Wie jemand, der aller Würde beraubt worden war, ließ sie sich von Gert zu dem Haufen schmutziger Kleidung führen, der nun ihr Bett war, und sich von ihr sanft über das Haar streichen, bis sie einschlief, wobei ihr die Tränen über die Wangen liefen, denn das war das Einzige, was sie in ihrer ganzen Zeit im Hause Baniszewski an Freundlichkeit erlebt hatte.

Eine Woche später – als die Last der Scham und des Selbsthasses sich gelegt hatte – traf sich Sylvia mit ihren Eltern. Gert arrangierte stets alles so, dass Lester und Betty bei ihren Besuchen das Innere ihres Hauses nicht sehen konnten. Sie konnte keine erwachsenen Besucher dulden, vor allem, wenn diese Besucher böse Gerüchte verbreiten würden. Die Teenager und die Kinder waren überschaubar, sie hatte ein Druckmittel gegen sie. Wenn sie ihr Haus als ihr kleines Klubhaus benutzen wollten, dann sollten sie ihre bösen kleinen Münder über seinen Zustand halten. Seit Dennis Wright sie verlassen hatte, hatte Gert jegliches Interesse an Männern verloren, sodass keine Gefahr bestand, dass eine Verabredung ihr Geheimnis verriet. Die wenigen Frauen aus der Nachbarschaft, die früher ihre Wäsche abgeliefert oder ein

Kind zum Babysitten vorbeigebracht hatten, benötigten ihre Dienste nicht mehr. In der Nachbarschaft gab es keine unangenehmen Gerüchte über Gert. Das Mitleid, das die Leute schon immer empfunden hatten, war immer noch da, aber ihre seltsamen Beziehungen zu den Teenagern wurden nicht mehr hinterfragt. Schließlich waren die meisten Eltern einfach nur erleichtert, dass es nicht ihr Haus war, das von einer Horde stinkender Teenager heimgesucht wurde.

Anstelle eines Hausbesuchs nahm die Familie Baniszewski eine ganze Seite eines öffentlichen Busses in Beschlag und fuhr zu den Likens in den Garfield Park. Das Treffen begann schlecht. Betty war schockiert darüber, wie dünn ihre Töchter geworden waren, aber Gert hatte diese Frage vorausgeahnt und sich eine Geschichte zurechtgelegt: Aus Solidarität mit ihrer ältesten Tochter Paula, die in letzter Zeit stark zugenommen hatte, hätten die Mädchen beschlossen, eine Diät zu machen. Während Gert den Likens eine Lüge nach der anderen auftischte und sich selbst als Heilige darstellte, hielt sie direkten Augenkontakt zu Sylvia. Sie forderte das Mädchen regelrecht heraus, doch nach der Demütigung durch den Hotdog-Vorfall, nach der Woche, in der die Baniszewski-Kinder sie ständig verspottet hatten, und nachdem sie gesehen hatte, wie bereitwillig ihre Eltern Gerts Lügen aufsaugten, hatte Sylvia einfach keine Kraft mehr, jeden einzelnen dieser kleinlichen Kämpfe zu führen. Und sie konnte den Gedanken nicht ertragen, dass ihre Eltern erfuhren, was sie getan hatte, während sie auf allen vieren durch die Küche gekrochen war.

Lester und Betty waren begeistert von den Geschichten, die Gert ihnen über ihre Töchter erzählte, insbesondere von der guten Arbeit, die sie für die örtlichen kirchlichen

Wohltätigkeitsorganisationen leisteten, und von der Art und Weise, wie sie Colaflaschen aus den Mülltonnen der Nachbarschaft sammelten, um sie zu spenden. Wieder spürte Sylvia diesen starren Blick und nickte verlegen, wobei sie ihrer Mutter ein nervöses Lächeln zuwarf, als sich die Augen in ihre Richtung wandten. Als das Gespräch auf die spezielle Diät kam, die Sylvia gerade machte, und damit der schrecklichen Wahrheit der letzten Woche gefährlich nahekam, stiegen ihr die Tränen in die Augen und ihr Gesicht wurde gefährlich rot. Lester hatte meist keine Ahnung vom Gefühlsleben seiner Töchter, aber Betty sah es und hielt die Hand ihrer Tochter fest. „Was ist los, Schatz?"

Sylvia drohten die Tränen zu entweichen. Sie hatte sich so gut geschlagen. Sie hatte den Schein gewahrt, so wie „Mom" es von ihr verlangte, und jetzt würde ihr dummes Gesicht alles verraten. Zum Glück war Gert nicht so leicht zu erschüttern. Sie beugte sich vor, um Betty etwas zuzuflüstern.

„Unsere Sylvia ist nur schüchtern, weil ihre neue schlanke Figur ihr viel Aufmerksamkeit von den Herren einbringt."

Sylvia war völlig empört und das Erröten, das daraufhin einsetzte, war intensiv genug, um jegliche Bedenken ihrer Mutter zu zerstreuen. Sie schwieg für den Rest des Besuchs ihrer Eltern und fürchtete sich vor den Geschichten, die man sich ausdenken würde, um weitere Fehler zu vertuschen, die sie machte. Jenny hatte die schlimmsten Misshandlungen nicht mitbekommen und war so beschämt über die Prügel, die sie selbst erhalten hatte, dass sie sich ebenfalls nicht traute, darüber zu sprechen.

Am Ende des Besuchs umarmte Betty ihre Töchter, während Lester ihnen einen Umschlag mit Bargeld als Vorschuss für den Rest des Monats überreichte. Der Rummelplatz zahlte sich offenbar aus und regte die beiden so an, dass sie wieder glücklich miteinander waren. Sylvia hatte Tränen in den Augen, als ihre Mutter sich verabschiedete, aber Gert legte der Frau einen Arm um die Schultern und erzählte, was für eine gute Tochter sie hätten, die sie so sehr vermisse, und wie glücklich Sylvia sei, wenn ihre Briefe kämen. Keines der Mädchen hatte diese Briefe je gesehen, aber keine von ihnen hatte den Mut, nach ihnen zu fragen.

Auf der Busfahrt nach Hause saß Sylvia neben „Mom". Gert zog sie an sich, streichelte ihr Haar und flüsterte ihr sanft ins Ohr, dass sie ein gutes Mädchen gewesen sei. Sie streichelte sie, als wäre sie ein Hund, der sich in Gesellschaft gut benommen hatte. „Ich wusste, dass du mit der richtigen Disziplin ein gutes Mädchen sein kannst. Ich war heute so stolz auf dich. Das hast du sehr gut gemacht. Du und ich werden jetzt die besten Freunde sein, du wirst sehen. Ein hübsches kleines Ding wie du, warum erinnerst du mich bloß an mich selbst in diesem Alter? Hinter mir waren auch alle Jungs her. Aber mach dir keine Sorgen. Ich werde nicht zulassen, dass sie dich kriegen. Ich werde nicht zulassen, dass sie dich ruinieren. Nicht so ein braves Mädchen wie du."

Zu Gerts Komplizin gemacht zu werden, hätte Sylvia eigentlich den Magen umdrehen müssen, aber das war bei Weitem nicht das Schlimmste an diesem Tag. Das Schlimmste war, dass sie sich dieser Berührung hingab und sich zwang, die Lügen zu glauben, die man ihr erzählte, weil die Alternative zu schrecklich war, um sie überhaupt in Erwägung zu ziehen.

Ungeeignet für Stühle

In den nächsten Wochen wiegten sich die Likens-Mädchen in falscher Sicherheit. Gert war nicht plötzlich über Nacht zu ihrer besten Freundin geworden – beim besten Willen nicht –, aber ihre offene Feindseligkeit ihnen gegenüber schien beigelegt, nachdem die Schwestern bewiesen hatten, dass sie die Lügen aufrechterhalten würden, die Gerts Lebensgrundlage bildeten. Mit dieser neuen Akzeptanz verbesserte sich auch das Verhältnis zu den ältesten Baniszewski-Mädchen Paula und Stephanie. Da sie die Stimmungen ihrer Mutter stets zu deuten wussten, näherten sie sich allmählich den Likens-Mädchen wieder an und bezeichneten sie in ihren Gesprächen nicht mehr als heimatlose Waisen, sondern als ihre Adoptivschwestern. Jenny ließ sich von diesem freundschaftlichen Verhalten ködern und wurde Teil ihrer Freundesgruppe, wenn auch nur als Mitläuferin, aber immerhin wurde sie in die täglichen Aktivitäten der Gruppe von Teenagern eingebunden, die im Haus ein und aus gingen. Sylvia war nicht so schnell bereit, den Mädchen ihr Verhalten abzukaufen. Aufgrund der erlittenen Misshandlungen zögerte sie, sich an den lockeren

Gesprächen zu beteiligen. Zu groß war die Angst, ihre Worte könnten im nächsten Moment gegen sie verwendet werden. Doch schließlich erlag auch sie der Anziehungskraft eines gesellschaftlichen Lebens und nahm ihren Platz in der Wohnzimmerrunde ein.

Die älteren Mädchen sprachen zunehmend über ihr Liebesleben, wobei Stephanie bei dem Gedanken an ihren neuen Freund Coy Hubbard, einen fünfzehnjährigen Stammgast des Baniszewski-Hauses, den sie für ihren Traummann hielt, fast das Wasser im Munde zusammenlief. Paula war etwas vorsichtiger, sprach nur in der Vergangenheitsform über ihre Affären und vermied sorgfältig jede Erwähnung der sexuellen Eskapaden, die ihre Mutter an den Rand des Wahnsinns getrieben hatten. Ihre Schwangerschaft blieb vor den Likens-Mädchen und der gesamten Nachbarschaft geheim, aber ihre Geschwister wussten sehr wohl um ihren heiklen Zustand und griffen entsprechend sowohl bei den Jungs ein, die sich für sie interessierten, als auch bei ihrer Mutter, die besonders empfindlich auf dieses Thema reagierte und die absolute Verleugnung dem Umgang mit einer schwangeren Jugendlichen im Haus vorzog.

Jenny hatte schon früh zugegeben, dass sie wegen ihrer Probleme mit den Beinen so gut wie keine Erfahrung mit Jungs hatte, was dazu führte, dass viele der anwesenden Jungs ihre Dienste anboten, bevor ein Knurren der dösenden Gert sie verscheuchte. Als sie darauf angesprochen wurde, erwähnte sie, dass sie einmal einen Jungen geküsst hatte, bevor sie nach Indianapolis gezogen waren, aber sie konnte sich nicht einmal mehr an seinen Namen erinnern. Aus dem ganzen Raum ertönte Gejohle und Jubel, und Sylvia ertappte sich dabei, dass sie wider besseres Wissen mitmachte. Ein wenig Normalität nach den verrückten Ereignissen des letzten Monats tat einfach gut. Allein die Tatsache, dass sie Menschen hatte, die sie Freunde nennen konnte, und einen Ort, an dem sie wieder reden konnte, fühlte sich wie Freiheit an. Sie fühlte sich wieder wie ein Teenager und ertappte sich dabei, dass sie Gert dafür dankbar war, dass sie ihr dieses Gefühl zurückgegeben hatte, dass sie es all diesen Kindern gegeben hatte – als wäre die verbitterte, verrückte Frau nicht der Grund dafür gewesen, dass man es Sylvia überhaupt genommen hatte.

Sylvia beteiligte sich zunächst schüchtern an der Unterhaltung, erfuhr von den Jungs in diesem Kreis jedoch großen Zuspruch. Viele von ihnen waren äußerst interessiert an ihr gewesen, als Sylvia zum ersten Mal auftauchte, da sie zum einen die unscheinbaren Baniszewskis in den Schatten stellte und zum anderen nicht die scharfe Zunge und die potenzielle Ächtung durch eine Verabredung mit einer leiblichen Tochter drohte. Unter mehr als nur einem dezenten Kichern um sich herum erzählte Sylvia, dass sie mit einem Jungen zusammen war, bevor sie nach Indianapolis gezogen waren. Auf Nachfrage gab sie schließlich zu, dass sie sich ziemlich oft geküsst hatten, was zu weiteren Jubelrufen und Beifall führte. Mit einem strahlenden Lächeln auf den Lippen und geröteten Wangen beugte sie sich vor und flüsterte deutlich hörbar: „Ich habe mich sogar einmal über meinem Pullover von ihm befummeln lassen."

Die Jungs applaudierten begeistert und Paula nickte zustimmend, wobei sie versuchte, das Lächeln auf ihrem Gesicht nicht zu offensichtlich werden zu lassen. Sylvia hatte sich noch nie so akzeptiert gefühlt, seit sie einen Fuß in das

Haus der Wrights gesetzt hatte. Sie drehte sich mit schüchternem Lächeln Gert zu und erwartete, dass die alte Frau ebenso grinsen würde wie die anderen, doch das alte Gesicht war wutverzerrt und ihre Augen waren glasig.
Gert richtete sich auf und zeigte mit vorwurfsvollem Finger auf Sylvia. Als sie sich erhob, stieß sie einen markerschütternden Schrei aus. „Hure!“
Sie verpasste Sylvia eine Ohrfeige und begann eine ihrer Schimpftiraden, die Augen zusammengekniffen und Spucke speiend. „Wenn ich nur daran denke, dass ich Dreck wie dich in mein Haus gelassen habe. Es gibt nichts Verabscheuungswürdigeres auf dieser Welt als eine Hure. So steht es in der Bibel. Du bist niedriger als der niedrigste Wurm. Treibst Unzucht und verteilst deinen Schleim überall. Überall in meinem schönen Haus. Verdirbst alles. Dein Leben ist ruiniert. Jeder weiß jetzt, dass du eine Hure bist. Eine schmutzige, dreckige Prostituierte. Mit wie vielen Männern hast du es schon getrieben, Hure? Mit wie vielen?“
In ihrer Panik vergaß Sylvia die Lektionen, die sie während ihrer Zeit im Haus der Baniszewskis gelernt hatte. Sie vergaß zu schweigen und die Beschimpfungen hinzunehmen. Sie vergaß, es über sich ergehen zu lassen. „Was? Ich habe noch nie …?“
Gert stieß sie so plötzlich um, dass sie keine Chance hatte, sich in Sicherheit zu bringen. Ihr Stuhl kippte nach hinten und bevor sie auf dem Boden aufschlug, prallte ihr Kopf gegen den Putz der Wand, der sie mit weißem Staub überzog. Gert riss den Stuhl unter ihr weg und beugte sich über sie, immer noch lauthals schreiend. „Jetzt weiß es jeder! Du bist eine Prostituierte! Eine dreckige Hure. Jeder weiß, dass du dich von einem Jungen anfassen lässt. Warum hast du nicht

zugehört? Ich habe versucht, dich zu retten. Jetzt wirst du für den Rest deines Lebens nichts anderes mehr sein als eine Hure. Du hast dich selbst befleckt. Du bist unrein. Es gibt nichts Niederträchtigeres als eine dreckige Hure. Bringt die Kinder her. Schaut sie euch an. Schaut euch die Hure in eurer Mitte an."

Die Kinder aus der Nachbarschaft waren erstarrt, als Gert loslegte, aber jetzt warfen sie sich nervöse Blicke zu und begannen zu kichern. Die Nerven der Anwesenden waren angespannt, aber letztendlich wussten sie, dass das Ganze einer Achterbahnfahrt gleichen würde – sie würden den Nervenkitzel einer echten Gefahr erleben, ohne dass jemand wirklich verletzt werden würde.

Gert schien gerade erst warm zu werden. Als sich die benommene Sylvia auf die Ellbogen hochzog, trat ihr die alte Frau in den Schritt. „Dreckige Hure. Wir haben alle gehört, was du gesagt hast. Es wird nicht lange dauern, bis es die ganze Welt weiß. Bald werden sie alle die Zeichen erkennen. Sie werden es alle erfahren!"

Sylvia jaulte vor Schmerz auf. „Was?!"

„Alle werden wissen, dass du eine Prostituierte bist, wenn dein Bauch plötzlich dick wird. Wenn dein Bauch wächst und deine Haut sich dehnt. Wenn dir wegen des Gifts, das er in dich gespritzt hat, jeden Morgen übel wird. Jeder wird wissen, dass du eine Hure bist, wenn er dich nur ansieht, du schmutziges, dreckiges Ding. Hast du es selbst nicht einmal gewusst? Bist du nicht nur eine Hure, sondern auch noch dumm?"

„Ich habe noch nie ... Ich würde nie ...", quietschte Sylvia, als Gert ihren Absatz auf ihrem Schritt niederdrückte.

„Jeder weiß es. Es hat keinen Sinn mehr, zu lügen. Du hast dich von einem Jungen da unten anfassen lassen. Hast ihn sein schmutziges Teil in dich hineinstecken lassen und jetzt bist du beschmutzt. Du bist ruiniert. Es wird nicht mehr lange dauern, bis jeder sehen kann, dass du schwanger bist, und dann geht das Elend erst richtig los. Dann ist dein Leben zu Ende. Sobald dein dreckiger kleiner Bastard aus deinem Bauch auf meinen Boden fällt, wird er sich an dir festklammern und nicht mehr loslassen.“ Gerts Augen quollen ihr aus dem Kopf. Ihre Zähne knirschten zwischen den Worten. Sie hatte nie weniger menschlich ausgesehen. „Wer auch immer du sein wolltest, welche Träume du auch immer hattest, du hast sie alle für einen Jungen ruiniert. Für einen Mann, an dessen Namen du dich nicht einmal erinnern kannst. Du hast alles für einen Mann ruiniert, der dich dafür bezahlt hat, dass du dich zu ihm legst.“ Die Augen der alten Frau zuckten hin und her, als sie sich die neue Realität vorstellte, dann trat sie wieder zu, was Sylvia aufschreien ließ. „Du bist nichts weiter als eine Prostituierte und wirst nie etwas anderes sein. Du hast Geld von einem Mann genommen, um dir mehr Süßigkeiten zu kaufen, mit denen du dich vollstopfen konntest. Dann hat er dich vollgestopft. Oh, du wolltest gemästet werden. Wolltest mir die Haare vom Kopf fressen. Wolltest deine Figur ruinieren, indem du alle Leckereien verschlingst, die du dir für dein Hurengeld kaufen kannst. Nun, du hast noch nicht einmal angefangen. Du hast noch nicht einmal ansatzweise gesehen, wie ekelhaft und aufgebläht der kleine rosa Wurm in deinen Eingeweiden werden wird. Sie werden dich vom anderen Ende der Stadt kommen sehen.“

Die Nachbarskinder lachten lauter. Gerts eigene Kinder schauten ein wenig irritiert, als sie davon sprach, dass Kinder das Leben ruinierten, aber es dauerte nicht lange, bis sie wieder voll dabei waren, als Gert nicht mehr redete, sondern trat. Sie hämmerte ihren Absatz in Sylvias Schritt und als das Mädchen versuchte, die Knie zusammenzuziehen, zischte die alte Hexe: „Dafür ist es jetzt zu spät. Du hättest die Beine zusammenhalten sollen, bevor es zu spät war. Du dreckige Hure." Sie knurrte in Richtung der nächststehenden Jungen. „Spreizt ihr die Beine. Und macht euch keine Sorgen, ob ihr ihr wehtut. Ihr wisst ja, dass sie das mag. Ihr wisst doch, dass sie für jeden Jungen, der sie fragt, gerne die Beine breit macht."

Die Jungs traten bereitwillig vor. Ihre Belustigung schlug in etwas Düsteres um, als sie Sylvia an den Knöcheln packten und ihre Beine auseinanderzogen, während sie schrie. Selbst ihre Schreie reichten nicht aus, um Gerts brüllende Tirade zu übertönen. Jeder Satz wurde durch einen weiteren Tritt in die Leiste des Mädchens unterstrichen. „Frauen sind unreine Geschöpfe. Gott liebt sie nicht so, wie er Männer liebt. Und er hat recht, sie nicht zu lieben. Sie sind schmutzig. Sie sind Würmer, die vor den Füßen der Männer herumkriechen und um Zuneigung betteln. Sie sind so verzweifelt auf der Suche nach ihrer Aufmerksamkeit und ihrem Geld, dass sie alles Mögliche tun, um es zu bekommen. Es gibt nichts Gottloseres als eine Prostituierte. Als eine Frau, die ihre kostbarste Unschuld für ein paar mickrige Dollar an einen Mann verkauft."

Allmählich wurde Gert müde und einer ihrer Tritte verfehlte sein Ziel und streifte die Knöchel eines der Jungen, die Sylvias Beine hochhielten. Er ließ das Bein fallen und einen schrecklichen Moment lang baumelte das strampelnde Mädchen im Griff des anderen Jungen, bevor er ebenfalls losließ und zurückwich. Sylvia rollte sich zusammen und stöhnte wegen des brennenden Schmerzes zwischen den Beinen. Gert taumelte zurück und holte ein paar Mal tief Luft, bevor sie wieder zu schimpfen begann.

„Der Herr verabscheut Huren. Und ich bin eine gottesfürchtige Frau, also hasse ich sie auch. So wie ihr Kinder Gottes es alle tun solltet. Dieser elende Wurm vor uns hat Geld von einem Mann genommen. Sie hat zugelassen, dass er sie dort unten an ihrer besonderen Stelle berührt. Jetzt ist sie schwanger. Sie hat ihr ganzes Leben mit ihrer lüsternen, gierigen, bösen und schmutzigen Art ruiniert. Sie ist unter eurer Würde. Ihr solltet sie alle hassen, so wie ich es tue. Jeder Einzelne von euch. Wenn ihr gute Kinder seid, gottesfürchtige Kinder, dann werdet ihr diese Hure hassen."

Das Lachen verstummte und im Raum wurde es still. Die Schallplatte hatte ihr Ende erreicht, aber niemand bewegte sich, um eine Neue aufzulegen. Das regelmäßige Klopfen der schwarzen Scheibe, die eine weitere Umdrehung vollzog, war das einzige Geräusch im Raum, abgesehen von Sylvias leisem Schluchzen.

Mit quälender Langsamkeit rollte sich Sylvia auf die Knie und kam wieder auf die Beine. Ihre Arme zitterten vor Schmerz, ihre Finger hinterließen Abdrücke im Mörtel. Sie hatte kaum die Kraft zu stehen. Es fühlte sich an, als ob alles Blut in ihrem Körper dorthin floss, wo Gert sie getreten hatte, und der Rest von ihr taub und nutzlos war. Sie stöhnte auf, als sie Luft holte, nicht absichtlich, nicht einmal bewusst. Der Schmerz musste einen Weg nach draußen finden und ihr Mund schien die einzige Möglichkeit zu sein. Sie schwankte einen langen

Moment auf den Füßen, während die anderen Kinder sie anstarrten, dann taumelte sie in schmerzhaften kleinen Schritten zum nächsten freien Stuhl. Doch Gert war schneller. Als Sylvia versuchte, sich vorsichtig hinzusetzen, riss Gert den Stuhl weg und das Mädchen fiel zu Boden. Sie schrie nicht wegen der Überraschung. Nach dieser langen Zeit mit den Baniszewski-Kindern war die Entdeckung, dass ihr der Stuhl unter den Füßen weggerissen worden war, praktisch der Normalzustand. Doch als ihr schmerzender Schritt auf den nackten Dielen aufprallte, war es, als hätte jemand einen glühenden Schürhaken in ihr Inneres gestoßen. Sie jammerte. Gert beugte sich so weit vor, dass sie fast umkippte, und schwankte nach vorne, um so nah an Sylvias Gesicht heranzukommen, dass ihr muffiger Atem ihren Pony zerzauste. „Huren sind für Stühle ungeeignet.“

Winzige Rache

Sylvia durfte sich nirgendwo im Haus mehr hinsetzen. Sogar der Haufen schmutziger Wäsche, den sie als Bett benutzte, wurde von Gerts trampelnden Füßen zerstreut, bevor sie sich abends hinlegen durfte. Die wenigen Male, die Sylvia versucht hatte, sich ohne nachzudenken hinzusetzen, hatten zu einer weiteren kreischenden Strafpredigt von Gert über ihre Unreinheit und die Unreinheit von Frauen im Allgemeinen geführt, und dann zu allgemeineren Betrachtungen über die Art von Flüssigkeiten, die aus einer Hure herauslaufen könnten, wenn sie sich setzte. Sylvia war es so übel geworden, dass sie nie wieder versuchte, sich irgendwo im Haus hinzusetzen.

Als sie am Tag nach den Tritten in die Schule ging, fiel es ihr schwer, sich an den Tisch zu setzen. Als sie es tat, gab sie ein kleines Wimmern von sich und zog damit ein Kichern ihrer Klassenkameradin Stephanie Baniszewski auf sich. Ein Kichern, das sie mit einer anzüglichen Handbewegung zu dem Mädchen neben ihr begleitete, um es zu erklären. Sylvia weinte nicht. Sie hatte inzwischen zu Genüge gelernt, dass Weinen nichts nützte. Stattdessen wurde sie wütend und obwohl es nicht in ihrer Macht stand, Gert direkt zu verletzen, konnte sie ihren kleineren Peinigern durchaus etwas antun. Während ihrer eigenen Schulzeit war Gert nie in der Lage gewesen, mit den Gerüchten über sie umzugehen. Sie nutzte jene, die sie gebrauchen konnte, hatte aber nie wirklich verstanden, wie sie sich verbreiteten. Selbst als Erwachsene konnte sie nur mit Mühe ihre Geheimnisse für sich behalten, da sie die menschliche Natur so sehr missverstand, dass sie glaubte, die kleinen Gefallen, die sie den Nachbarskindern tat, indem sie sie in ihrem Haus verweilen ließ, würden diese davon abhalten, über den ekelhaften Zustand des Hauses zu sprechen oder über ihre eigenen Kinder zu spekulieren. Tatsächlich hatten ihre sehr bewussten Versuche, jegliche Informationen aus ihrem Haus zu unterdrücken, eine Art Informationsvakuum geschaffen, in dem die Menschen fast alles über sie glauben würden, vor allem wenn es aus einer der Familie nahestehenden Quelle stammte. Wie einer Untermieterin.

Trotz der Demütigungen, die sie bis zu diesem Zeitpunkt erlitten hatte, war Sylvia ziemlich unschuldig und selbst wenn sie vorgehabt hätte, ein böses Gerücht über jemanden zu verbreiten, hätte sie wahrscheinlich nicht gewusst, wo sie anfangen sollte – wenn nicht jemand die vorangegangene Nacht damit verbracht hätte, sich immer wieder lautstark über eine offensichtlich böse Tat aufzuregen. Die Tatsache, dass Sylvia so unschuldig war, verlieh den Dingen, die sie über die Baniszewski-Mädchen sagte, noch mehr Glaubwürdigkeit. Denn woher sollte die süße, unschuldige Sylvia Likens überhaupt wissen, was Prostitution war, wenn sie es nicht mit eigenen Augen gesehen hatte? Jenny schnappte die Geschichte in der Mittagspause von ihr auf und am Ende des

Tages hatte sich das Gerücht in der ganzen Schule verbreitet. Paula und Stephanie Baniszewski hatten für Geld Sex mit Jungen gehabt.
Die Baniszewski-Mädchen selbst hörten nie ein Wort darüber, aber sie waren nicht dumm, sie wussten, dass etwas vor sich ging, als die Gespräche plötzlich verstummten, sobald sie in Hörweite waren. Sie besaßen vielleicht nicht Sylvias Glaubwürdigkeit oder waren allgemein eher unbeliebt, aber sie verfügten über ein gut verankertes Netzwerk an der Schule. Schon bald begannen die Freunde, die Quelle der Gerüchte ausfindig zu machen, ohne Paula oder Stephanie jemals davon zu erzählen, um ihnen die Peinlichkeit zu ersparen. Da die Geschichten Beschreibungen aus erster Hand über das Innere des Baniszewski-Hauses enthielten – einschließlich der Bereiche, die seit Paulas Schwangerschaft für Besucher tabu waren –, war es nicht schwer, herauszufinden, woher sie kamen. Geschwisterrivalität gab es im Baniszewski-Haushalt zu Genüge, aber es gab Grenzen, wie weit einer von ihnen gehen konnte, um die andere zu ärgern, Grenzen, die größtenteils davon abhingen, wie viel Gert zu tolerieren bereit war, bevor sie der Meinung war, dass diese kleinen Betrügereien ihr einen schlechten Ruf in der Stadt einbrachten. Für jeden, der die Familie kannte, war klar, dass niemand von ihnen solche Gerüchte verbreiten würde, und so blieben nur die Likens-Mädchen übrig.
Doch niemand wollte derjenige sein, der es ihnen sagte. Die ganze Situation war von Anfang an schon schrecklich unangenehm, doch als sich diese neuen Gerüchte mit den Ereignissen der letzten Nacht und dem hartnäckigen Verdacht, dass Paula schwanger war, überschnitten, entstand

ein soziales Hornissennest, in das niemand hineinstoßen wollte.

Wie es der Zufall wollte, gab es einen Teenager, der über die Situation Bescheid wusste und der an einem völligen Mangel an sozialem Bewusstsein und Selbsterhaltungstrieb litt. Coy Hubbard war fünfzehn Jahre alt und er war verliebt. Stephanie Baniszewski war die erste Frau, mit der er jemals eine feste Beziehung hatte und so ergänzte er seine fehlende Erfahrung im wirklichen Leben mit Filmen und viel Fantasie. Als er die Gerüchte über seine Freundin hörte, war er kurz davor, denjenigen zu verprügeln, der sie verbreitete, und nur das rechtzeitige Eingreifen einiger von Stephs Freunden hatte ihn davon abgehalten, sich an diesem Tag durch die ganze Schule zu prügeln und seine Wut dahin zu lenken, wo sie ihrer Meinung nach hingehörte.

Nach dem Unterricht ging er direkt zum Haus der Baniszewskis, wo Gert ihn misstrauisch begrüßte. Es handelte sich um einen Jungen im Alter ihrer jüngeren Tochter, der offensichtlich auf sie fixiert war und sich nun in der Nähe ihres Schlafzimmers herumtrieb. Er war kein regelmäßiger Besucher ihres offenen Hauses und schien wegen irgendetwas sehr aufgewühlt zu sein. Es war noch gar nicht so lange her, dass Gert so alt gewesen war, und ihre erste Vermutung war, dass er für Sex da war, also versuchte sie, ihn zu vertreiben. Erst als er davon sprach, „dieser Schlampe eine Lektion zu erteilen", hörte Gert ihm tatsächlich zu. Sie verstummte völlig, als er ihr die Gerüchte erzählte, die Sylvia und ihre Schwester in Umlauf gebracht hatten, und Gerts Gesichtsausdruck wurde mit jedem Wort leerer. Schließlich brachte sie ihn ins Wohnzimmer und reichte ihm eine Limonade. Die beiden warteten schweigend, bis der Rest der

Familie mit den Likens-Mädchen im Schlepptau lautstark nach Hause kam.
In dem Moment, in dem Sylvia den Raum betrat, stürzte sich Coy mit grimmiger Entschlossenheit auf sie. Gert lehnte sich zurück und beobachtete die Show. „Warum hast du diese Dinge über mein Mädchen gesagt?"
Sylvia war wie erstarrt vor Unentschlossenheit. Das war ein Junge aus der Schule, wo es für sie sicher war, aber jetzt war sie im Haus, wo es nicht sicher war. Sie wusste nicht, ob sie schweigen sollte, wie sie es immer tat, wenn sie von Gert beschimpft wurde, oder ob sie antworten durfte. Sie stieß einen kleinen erstickten Laut aus.
„Warum hast du gesagt, dass Stephanie eine Schlampe ist? Stephanie ist nicht so."
Stephanie stürmte herein. „Was hast du über mich gesagt?"
Sylvias Augen huschten zwischen den beiden hin und her und blieben dann auf Gert haften, die ihr lächelnd gegenübersaß.
„Ich habe nicht ... Ich habe nicht gesagt, dass ..."
„Du hast den Leuten erzählt, dass Steph Typen für Geld gevögelt hat. Du hast ihnen gesagt, sie wäre eine Hure."
Stephanie kreischte. „Du bist die Hure. Jeder weiß das."
„Hure", schrie Coy ihr ins Gesicht.
„Ich habe nichts getan ... Ich habe nicht ..."
„Du weißt, dass du nicht so über mein Mädchen reden solltest. Ich kann Judo. Ich mach dich fertig. Falls du so etwas noch einmal sagst, wird das Konsequenzen haben. Hast du mich verstanden?"
Sylvia stand mit dem Rücken gegen die Wand gedrückt. Tränen traten ihr in die Augen. Mit so etwas hatte sie nicht gerechnet. So sollten sich die Menschen nicht verhalten.

Gerts Lächeln verschwand langsam aus ihrem Gesicht. „Jetzt ist es nicht mehr aufzuhalten. Es wird sich in der ganzen Stadt verbreiten. Alle werden diese Lügen über meine schöne Tochter hören. Alle werden denken, dass deine Freundin eine Hure ist. Und du willst sie einfach mit einer Verwarnung davonkommen lassen? Was für ein Mann bist du?"

Coy zitterte bereits vor Wut, doch dann wurde sein Gesicht noch roter und er holte aus. Seine Faust traf Sylvia an der Wange, sie schrie auf und fiel zu Boden. Sie war durch die lange Unterernährung geschwächt, aber selbst wenn sie es nicht gewesen wäre, hätte sie nicht gewusst, wie sie sich verteidigen sollte. Coy packte sie am Kragen ihrer Bluse und zerrte sie wieder auf die Beine.

Gert flüsterte ihren Kindern deutlich hörbar zu: „Er kann doch Judo, oder?"

Als sie wieder auf den Beinen war, schwankte Sylvia einen Moment lang, bevor ihre Welt plötzlich kopfstand. Coy hatte sie am Arm gepackt und das Nächste, was sie wusste, war, dass sie auf dem Rücken in der Mitte des Raumes lag und nach der Luft schnappte, die er ihr ausgetrieben hatte. Ein feuriger Schmerz schoss aus ihrem schwarzblauen Schritt und die Luft, die sie mühsam einatmete, entwich ihr mit einem Stöhnen.

Die Baniszewski-Kinder zogen sich schweigend zurück. Sie würden sich nicht für Sylvia einsetzen, wenn es so offensichtlich war, dass Gert dies zulassen wollte, fühlten sich aber trotzdem unwohl, dass dieser Fremde in ihrem Haus so gewalttätig war. Wenn es einer von ihnen gewesen wäre, wäre es in Ordnung gewesen, sogar normal, aber dass jemand, der nicht zur Familie gehörte, hereinkam und Sylvia verprügelte, war wie ein Fremder, der hereinkam und das Geschirr abwusch. Sie konnten nicht widersprechen, weil sie wollten, dass es passierte, aber es war ihnen trotzdem unangenehm.

Vom anderen Ende des Raumes aus begegnete Gert Coys Blick, der sie fragend ansah. Sie nickte kurz, bevor er nach vorne sprang und Sylvia wieder auf die Beine zog. Noch bevor sie Luft holen und schreien konnte, wirbelte er sie erneut um, und dieses Mal gaben die Dielen unter ihnen nach, als er sie zu Boden warf und einen Stuhl umkippte.

Gert runzelte die Stirn. „Du wirst noch alles kaputt machen, wenn du so weitermachst. Heb sie auf.“

Eine weitere lange Pause folgte, in der alle darauf warteten, was als Nächstes passieren würde. Coy war weder eines ihrer Kinder noch eines der Nachbarskinder, denen sie etwas zu sagen hatte. Er könnte sich ihr widersetzen und alles, was passierte, könnte mit einem Schlag enden. Er griff nach unten und zog das keuchende Mädchen am Pferdeschwanz hoch. Dann schaute er sich fragend um und Gert nickte erneut knapp. „Die Tür zum Keller ist in der Küche. Da unten gibt es nichts, was kaputt gehen könnte.“

Sylvia wimmerte, als er sie an den Haaren durch das Haus zerrte, aber sie verstand jetzt ihren Platz in all dem. Sie würde nicht riskieren, Gert zu verärgern, indem sie etwas sagte oder ihr widersprach. Letztendlich hatte sie die Situation immer noch unter Kontrolle, weil sie sich selbst kontrollieren konnte. Das würde nicht ewig so weitergehen. Der Junge würde sie ein bisschen herumschubsen. Sie würde ein paar blaue Flecken bekommen. Das war nicht das Ende der Welt. Sie hatte schon Schlimmeres überlebt. Im Geiste wiederholte sie immer wieder dieselben Lügen, während er sie die Kellertreppe hinunter zerrte. Der Boden war schmutzig und eine einzelne nackte Glühbirne hing gerade so tief, dass Sylvia zurückweichen musste, um sich nicht das Gesicht zu verbrennen. Sie warf einen kurzen, nervösen Blick zurück nach oben. Es war alles in Ordnung. Gert hatte es nicht gesehen. Sie war gerade erst auf dem Weg nach unten. Coy wartete nicht auf eine weitere Genehmigung und schleuderte Sylvia gegen die Wand.

Gert machte es sich auf der Treppe bequem und sah zu. Ihr stummer Blick war die einzige Konstante in einer Welt, die ständig in Bewegung zu sein schien. Sylvia wurde so oft umgeworfen und herumgeschleudert, dass sie selbst dann noch zu benommen war, um auf den eigenen Beinen zu stehen, als Coy aufhörte. Er war rot im Gesicht und schwitzte. Sylvia war mit jedem Stoß kälter geworden und seine Hände hinterließen inzwischen schleimige Schweißspuren auf ihr. Sie hätte gezittert, wenn sie nicht ohnehin schon ständig am Zittern gewesen wäre. Irgendwo in diesem Sturm der Gewalt hatte sie den Überblick verloren, wie oft er sie herumgewirbelt hatte. Wie oft sie gegen Wände und auf den Boden gefallen war. Ihr ganzer Körper schmerzte. Sie war taub für ihn geworden, aber nun, wo sie regungslos da lag, kehrte der Schmerz zurück. Wenn es sich jetzt schon so anfühlte, fürchtete sie sich vor den nächsten Stunden und Tagen. Die Plattitüden, die sie sich oben eingeredet hatte, halfen ihr hier unten nicht viel. Wenigstens war es vorbei. Der Junge hatte seine kleine Rache gehabt und Gert hatte wahrscheinlich das Gefühl, dass sie angemessen bestraft worden war. Sie brauchte sich um nichts anderes zu kümmern, als diese Schmerzen zu überstehen.

Coy taumelte halb erschöpft zur Treppe und war schon fast an Gert vorbei, als sich ihre Hand um seinen Oberschenkel legte und er erstarrte. Das Gesicht der alten Frau war gerötet und

er konnte hören, wie ihr Keuchen im Keller widerhallte, als hätte sie das Mädchen herumgeschleudert. „Du bist gut in diesem Judo, aber du könntest noch besser sein."
„Ich bin der Beste in meiner Klasse."
Sie drückte zustimmend die Muskeln seines Oberschenkels. „Vielleicht bist du das, aber würde es nicht helfen, wenn du ein bisschen mehr üben könntest? Du weißt, dass du jederzeit hierher zurückkommen kannst, wenn du ins Schwitzen kommen willst." Sein verwirrter Gesichtsausdruck irritierte Gert. „Wenn du Judo üben willst, kommst du einfach zurück und probierst es noch einmal an ihr aus. Sie hat es verdient. Sie hat Schlimmeres verdient. Erzählt den Leuten Lügen über dein Mädchen. Über mein kleines Mädchen. Das war nicht richtig."
Coy zögerte einen Moment, bevor er „In Ordnung" schnaubte und die Treppe hinauf lief.
Gert blieb, wo sie war, und beobachtete Sylvia von der Treppe aus, die hilflos auf dem Boden zitterte. Sie befeuchtete die Lippen. „Du bleibst heute Nacht dort unten. Nichts von meinem Essen wird über deine ekligen lügenden Lippen gehen."
Sie richtete sich auf, schaltete das Licht aus und ließ Sylvia allein in der kalten Dunkelheit zurück, die darauf wartete, dass der Schmerz wie eine Flut über sie hereinbrechen würde.

Nach innen gekehrt

Nach ihrer ersten Nacht im Keller versuchte Sylvia, wieder ein normales Leben zu führen, aber ihr Körper war so geschunden, dass sie sich kaum bewegen konnte, als sie am Morgen mit geschwollenen und steifen Gliedmaßen aufwachte. Ihre Schwester und die anderen Kinder hatten das Haus bereits verlassen, als sie die Treppe hinaufgekrochen war. Gert saß auf dem einzigen noch intakten Küchenstuhl und erwartete sie. „Vielleicht haben längst alle Leute die Lügen gehört, die du über meine Tochter erzählt hast, aber du kannst dir sicher sein, dass nun jeder weiß, dass du eine Lügnerin bist. Ich muss dich nicht bestrafen. Du hast schon genug Unglück über dich gebracht. Aber wage es nicht, noch einmal den Namen meiner Tochter in den Mund zu nehmen, du Hure.“

Nach dem Wochenende kehrte Sylvia in die Schule zurück, nachdem sie sich angeblich von ihrer „Grippe“ erholt hatte. Die blauen Flecken, die über die Ränder ihrer absichtlich prüden Kleidung hinausragten, hatten sich inzwischen gelb verfärbt, und die Baniszewski-Mädchen teilten großzügig ihr Make-up mit ihr, zumindest bis die Verfärbungen so weit verblasst waren, dass man sie als unreine Haut abtun konnte. In der Schule hielt Sylvia sich bewusst von den Baniszewskis fern. Sie konnte nicht riskieren, dass irgendetwas, was sie sagte oder tat, zu Gert durchdrang oder dass Coy wieder wütend auf sie wurde. Es war offensichtlich, dass ihr der Schutz, den jedes Kind genoss, entzogen worden war, dass jeder ihr wehtun durfte, wenn sie Gert verärgern würde. Sylvia spürte ständig dieses Damoklesschwert über sich schweben und das Schicksal schien dem Mädchen auf Schritt und Tritt zu folgen.

Dennoch war das Leben nicht gänzlich schrecklich. In der Schule hatte sie einige Freunde, auf die sie sich verlassen konnte, um sich von ihrem furchtbaren Leben zu Hause abzulenken. Neben ihrer Schwester war Anna Sisco ihre engste Freundin. Sie war dreizehn Jahre alt und wuchs wohlbehütet auf. Daher verstand sie nicht wirklich, warum sie Sylvia nie zu Hause besuchen durfte. Doch Sylvia hatte ständig Angst, jemanden in Gerts Haus zu bringen. Es war schon schlimm genug, dass Jenny und sie in der Gewalt der alten Frau waren. Sie wollte niemanden den Fängen dieser Hexe ausliefern, wenn sie es vermeiden konnte. Schlimmer noch, sie hatte keine Ahnung, wie Anna auf das Leben im Haus der Baniszewskis reagieren würde und Sylvia hatte keine Ahnung, welche neue Hölle losbrechen würde, wenn sie versuchte, sich für ihre Freundin einzusetzen, oder Gert anzeigte.

Zu der ständigen Angst, dass Anna ins Haus der Baniszewskis kommen könnte, gesellten sich Coys regelmäßigen Besuche. Er beschimpfte Sylvia nicht mehr so sehr wie in der ersten Nacht, in der er furchtbar wütend gewesen war, aber Gert schickte ihn immer noch mit ihr in den Keller, wo Sylvia sich seinen Launen fügen musste. Nicht, dass diese Launen jemals über das Herumschleudern hinausgingen. Aber sie wusste einfach nicht, wie sie Anna ihre Willigkeit erklären könnte, sodass es für einen vernünftigen Menschen Sinn ergab. Sie konnte es sich selbst kaum erklären.

Irgendwann gab Sylvia aber Annas Drängen nach und nahm sie an einem Abend mitten in der Woche mit nach Hause, an dem sich wahrscheinlich weniger Teenager als sonst im Haus aufhalten würden. Sie hoffte, wenn sie dem jüngeren Mädchen den Zustand des Hauses zeigen könnte, würde Anna sich so sehr für Sylvia schämen, dass sie das Thema nicht weiter verfolgen würde. Der Plattenspieler war still, als sie hereinkamen, was ein gutes Zeichen war. Doch Gert saß im Wohnzimmer und wartete geduldig auf etwas Unterhaltung. *Das* war kein gutes Zeichen. Das war alles andere als ein gutes Zeichen. Für einen kurzen Moment fiel ihr Blick auf Sylvia und ein böses Lächeln tauchte auf ihrem Gesicht auf, bevor sie ihr freundliches Nachbarschaftsmutter-Verhalten an den Tag legte. „Wer ist denn da? Eine Freundin unserer Sylvie? Ich bin ja so froh, dich endlich kennenzulernen."

Sylvia erstarrte. Ihr blieb nur einen Moment Zeit, um die Situation unter Kontrolle zu bekommen, bevor Gert sie – wie immer – überrollen und mit ihrer verzerrten Version der Realität erdrücken würde, bis sie nichts mehr tun konnte, außer die Situation zu akzeptieren. Doch als sie den Mund öffnete, war es schon zu spät. Gert klopfte lächelnd und mit matronenhafter Zustimmung auf den Sitz neben ihr. „Willst du nicht Platz nehmen? Sylvia hat uns nichts über dich erzählt und wir sind alle so neugierig. Wie heißt du, Mädchen? Komm schon, sei nicht so schüchtern. Setz dich." Sie wandte sich mit

demselben ruhigen Lächeln an Sylvia. „Warum gehst du nicht und holst deiner Freundin eine Limonade?"
Mit Füßen, die sich wie Blei anfühlten, stapfte Sylvia in die Küche und holte die Flaschen. Sie hatte keine Ahnung, was auf sie zukommen würde. Sie hatte nicht einmal Zeit, etwas zu sagen, bevor Annas Faust sie an der Wange traf. Völlig entgeistert taumelte sie zurück in den Flur. Anna stürzte sich wieder auf sie, schlug wild mit den Fäusten um sich, die sie jedoch nicht trafen, und schluchzte die ganze Zeit. Schließlich hörte Sylvia ihre schrillen Schreie unter dem Stöhnen der Anstrengung. „Wie kannst du es wagen? Wie kannst du es wagen, solche Dinge über meine Mutter zu erzählen? Du ... miese kleine Lügnerin. Ich werde allen erzählen, was für eine ... Ich dachte, du wärst meine Freundin!"
Sie drängte sich an Sylvia vorbei und stürmte auf die Straße, wobei ihr die Tränen über das Gesicht liefen. Sylvia war so schockiert, dass sie nicht einmal versuchte, ihr zu folgen. Gert schüttelte traurig den Kopf. „Du musst wirklich mit der Lügerei aufhören, Sylvie. Sonst hassen dich am Ende alle. Das willst du doch nicht, oder? Du willst doch nicht, dass die ganze Welt erfährt, dass du eine bösartige verlogene kleine Hure bist."
Mit wenigen Schritten war Sylvia bei ihr und als sie sich vor der hageren alten Frau aufbaute, schien Gerts bodenloses Vertrauen sie für einen Moment zu verlassen. Fast wäre sie zusammengezuckt. Dieser kurze Augenblick reichte aus, um Sylvia aufzuwecken. Sie war nicht wie die Baniszewskis. Sie war kein Ungeheuer. Sie konnte niemanden verletzen, nur weil er grausam war. Sie war besser als das. Sie war besser als Gert. Sie ließ einen winzigen Teil dieser Überlegenheit in

ihrem höflichen Lächeln erkennen. „Hier ist deine Limonade. Mom."

Durch Annas Rückzug und die daraus resultierenden Gerüchte über ihre mangelnde Glaubwürdigkeit wurde Sylvia in der Schule völlig isoliert. Ein kleiner Teil der Gerüchte muss sich auch unter den Erwachsenen der Gemeinde herumgesprochen haben, denn schon bald zeigten ihr die Lehrer, die ihr bisher aufgrund ihrer schwierigen Lebensumstände gern geholfen hatten, die kalte Schulter und beäugten alles, was das Mädchen sagte und tat, voller Misstrauen. Sie wurde ständig beobachtet. Es war, als hätte Gert plötzlich ihren Einflussbereich erweitert und die Welt nach ihrem Bild neu gestaltet. Eine Welt, in der es nur einen Bösewicht gab: Sylvia Likens.

Gert war mit dem Verlauf ihrer letzten Tortur nicht zufrieden. Der Funken Trotz in den Augen der Hure hatte ihr nicht gefallen, und das selbstgefällige Lächeln musste aus ihrem Gesicht gewischt werden. Sie musste wissen, wo ihr Platz war, anstatt auf Gert herabzusehen, als wäre sie etwas Besseres. Gert hatte die Beine nie für Geld breitgemacht. Sie war keine Hure. Sie war mit ihren Ehemännern zusammen gewesen, ganz legal und so, wie der Herr es wollte. Sie hatten ihr vielleicht Dinge gekauft und die Rechnungen bezahlt, aber so sollte es ja auch sein. Sylvia war die Hure, und Huren gehörten auf die Knie. Als Sylvia von der Kirchenveranstaltung nach Hause kam, bei der sie trotz der Proteste ihres schmerzenden Magens sorgfältig darauf geachtet hatte, nichts zu essen, war das Haus wieder voller Teenager. Stephanie hatte sich nicht die Mühe gemacht, sie zu begleiten, sondern verließ sich darauf, dass der neue Einfluss, den Coy ihr bei Gert verschafft hatte, sie davon befreien würde, Reverend Julian freundlich gegenübertreten zu müssen. Stattdessen hatte sie das Haus in ihre eigene Privatparty verwandelt und alle Kinder aus ihrem Schuljahr eingeladen, dieselben Teenager, die Sylvia jetzt mit Verachtung und sogar offenem Hass ansahen. Von allen Kindern im Raum schien nur eines wütend genug zu sein, um tatsächlich etwas dagegen zu unternehmen.

Judy Duke überragte Sylvia, einen Kopf größer und fast doppelt so schwer wie sie, da sie kurz vor dem Verhungern stand. Sie gab Sylvia eine Ohrfeige und grinste, als Blut zwischen den Lippen des kleineren Mädchens hervor sickerte. „Warum erzählst du den Leuten, dass meine Mutter eine Nutte ist?"

Sylvia schaute Gert an und seufzte. Wie oft sollte sich die gleiche Geschichte noch wiederholen? „Ich kenne deine Mutter nicht einmal, Judy. Ich kenne dich kaum. Warum sollte ich also so etwas sagen?"

Eine weitere Ohrfeige. Weicher, aber immer noch stechend. „Ich weiß nicht, warum ein verlogener Freak wie du schreckliche Dinge über andere Menschen sagt. Vielleicht bist du einfach nur furchtbar."

„Ich habe nichts über deine Mutter gesagt, Judy. Jemand sagt dir das, damit du mit mir streitest."

Es gab einen langen Moment der Stille, bevor Gerts leises Zischen ertönte. „Lügen. Immer mehr Lügen."

Judy trat Sylvia wütend gegen das Schienbein, aber Sylvia konnte den Zweifel in ihrem Gesicht sehen. Sie mochten alle in den Strudel von Chaos und Bosheit geraten sein, den Gert gesät hat, aber ihre Schachfiguren waren immer noch Menschen. Ein paar Tritte später wurde Judy klar, dass Sylvia sich nicht wehren würde, und stürmte aus dem Haus. Die Verwirrung stand ihr noch immer ins Gesicht geschrieben. Daraufhin wurde Gert wütend, denn das war nicht das, was sie sich gewünscht hatte. Das reichte nicht. Das wollte sie nicht hinnehmen und bellte: „Schlag sie."

Die Musik lief weiter und eine Frauenstimme sang *Was die Welt jetzt braucht, ist Liebe, süße Liebe* in die angespannte Stille.

Stephanie zuckte zusammen. „Wer?"

Gerts Augen traten hervor. „Schlag die Hure!"

Stephanie zog sich von ihrer Mutter zurück, als die alte Frau vor Wut vibrierte. „Mit wem redest du, Mom? Wer soll sie denn schlagen?"

Gert ließ den Blick durch den Raum schweifen, bis er auf jemanden direkt neben Sylvia fiel. Mit dumpfem Schrecken drehte sich Sylvia um und sah ihrer Schwester in die Augen. Jenny schüttelte bereits hektisch den Kopf, doch Gert knurrte. „Schlag sie. Schlag die Hure. Gib ihr eine Ohrfeige. Ich werde nicht zulassen, dass verlogene Huren ungestraft herumlaufen. Schlag sie."

Coy beugte sich vor: „Ich mach das."

„Nein. Sie", knurrte Gert. „Sie muss diejenige sein, die es tut. Sie muss beweisen, dass sie nicht auf der Seite der Hure steht. Dass sie zu ihrer Familie steht und nicht zu dieser Kreatur."

Jenny zitterte und die Tränen stachen ihr bereits in die Augenwinkel. „Ich ... Ich mach das nicht."

Sylvia schüttelte den Kopf. „Tu es."

„Ich kann nicht", jammerte Jenny. „Sie ist meine Schwester. Ich kann nicht."

Gert sprang von ihrem Stuhl auf und durchquerte den Raum so schnell, dass es kaum zu glauben war. Sie verpasste Jenny eine Ohrfeige. „Du machst es oder du bekommst es stattdessen. Schlag sie oder ich schicke dich und Coy in den Keller, damit er üben kann. Tu es oder du wirst den Rest der Woche nichts mehr zum Essen bekommen. Tu es. Schlag die Hure.“

Jenny schüttelte immer noch den Kopf, obwohl Sylvia flüsterte: „Um Gottes willen, tu es einfach.“

Gert schlug das Mädchen. Sie schlug sie so fest, dass Jennys schwache Beine sie nicht mehr stützen konnten. Sie drehte sich um und knurrte: „Wage es nicht, den Namen des Herrn zu missbrauchen. Du Miststück. Wage es nicht, seinen Namen auszusprechen.“

„Jenny, bitte. Tu es einfach.“

Schluchzend ballte das Mädchen eine Faust und schlug zu. Überrascht schrie Sylvia auf und taumelte einen Schritt zurück. So nah konnte sie sehen, wie Gerts Augen aufleuchteten. Sie konnte hören, wie ihr rasender Atem schneller wurde. Das Gesicht der Frau war eine sorgfältig gezähmte Maske, aber es gab kleine Dinge wie die Röte, die sich auf ihren Wangen ausbreitete, die eine andere Geschichte erzählten. Sie genoss es. Jenny schlug erneut schluchzend zu. Sie schlug Sylvia ins Gesicht, bis ihre Knöchel rot und geprellt waren, bevor die Hexe sie mit vorgetäuschtem Schimpfen wegzog. Nachdem sie ihren Verpflichtungen als Abendunterhalterin nachgekommen war, humpelte Sylvia wortlos in ihr Zimmer. Gerts Augen bohrten sich bei jedem Schritt in ihren Hinterkopf.

Ein Heilmittel für klebrige Finger

Sylvia kam immer häufiger mit blauen Flecken zur Schule. Coy gefiel es, sie nach Belieben herumzustoßen, und seine Gewalttätigkeit eskalierte allmählich, indem er nicht mehr nur Judo übte, sondern Sylvia mit der geschlossenen Faust schlug, sie mit seinem Körper gegen eine Wand drückte und die Finger um ihren Hals schlang. All seine dunklen Fantasien könnten sich in dem schummrigen Keller erfüllen, wenn er den Mut hätte, sie zu verwirklichen. Bis er so weit war, steigerte er die Wucht seiner Schläge immer weiter. Schließlich interessierte es ja niemanden, was mit Sylvia geschah und das Leben im Haus der Baniszewskis lief einfach weiter.

Der Sommer ging in den Herbst über und die Sportkurse an der Schule fanden weiterhin im Freien statt. Die Shorts und T-Shirts, die ihre Eltern ihr zur Verfügung gestellt hatten, schützten nicht mehr ausreichend vor den Elementen und so musste Sylvia die letzten Reste ihres Stolzes herunterschlucken und Gert bitten, ihr einen Trainingsanzug

zu kaufen. Sie dachte, sie hätte die alte Frau in einem guten Moment erwischt, aber wie sich herausstellte, hatte Gert nie gute Laune, wenn es um Sylvia ging. „Wäre es für eine Hure nicht besser, wenn sie nicht zu viel Stoff trägt?"
Sie verkniff sich eine Bemerkung. Es hatte keinen Sinn, sich zu streiten. „Die Schule sagt, er gehört zur Uniform. Ich muss ihn tragen."
„Das ist mir völlig egal." Gert schnippte Asche auf den Boden. „Wir haben im Moment kein Geld für neue Kleidung. Besonders nicht für Leute wie dich."
„Aber ich brauche ihn." In Sylvias Stimme lag ein Hauch von Jammern, der Gert auf die Nerven ging.
„Und mir ist verdammt egal, was du brauchst."
Vor der nächsten Joggingrunde um den Sportplatz geriet Sylvia in Panik. Wenn sie ohne Trainingsanzug teilnahm, würde die Schule Gert anrufen. Vielleicht würde sogar jemand zum Haus kommen. Wenn Sylvia diese Art von Aufmerksamkeit auf die Baniszewskis lenkte, unterschrieb sie ihr eigenes Todesurteil. Gert würde sie für alles verantwortlich machen und völlig ausrasten. Das konnte sie nicht riskieren. Also schlich sie schweren Herzens in die Umkleideräume, bevor es läutete, und stahl einen Trainingsanzug aus einem der Spinde. Sie wusste nicht einmal, wessen Anzug sie genommen hatte, hoffte aber inständig, dass er oder sie es sich leisten konnte, ihn zu ersetzen. Nicht, dass es an der Schule jemanden gab, dem es so schlecht ging wie ihr und ihrer Schwester. Sie versteckte sich auf der Toilette, bis alle anderen umgezogen waren, und ging dann mit dem Rest ihrer Klasse auf den Sportplatz joggen. Wen auch immer sie bestohlen hatte, musste einen Ersatzanzug gehabt haben, denn sie sah niemanden in kurzer

Sportkleidung. Sie seufzte erleichtert und versuchte, das nagende Schuldgefühl zu ignorieren, das sie verfolgte. Eigentlich hätte sie froh sein müssen, dass sie mit heiler Haut davongekommen war, aber sie fühlte sich schlecht.

Gert entdeckte den neuen Trainingsanzug, als Sylvia ihn gerade waschen wollte. Die alte Frau schien die meiste Zeit über völlig begriffsstutzig zu sein und soweit Sylvia das beurteilen konnte, konnte sie kaum lesen und schreiben. Doch irgendwie war sie unheimlich scharfsinnig, wenn es um solche Dinge ging. „Woher hast du den?"

Sylvia erstarrte auf der Stelle. Sie konnte es nicht verhindern. Jedes Mal, wenn Gert mit ihr sprach, reagierte sie wie auf das Kratzen von Kreide an der Tafel. Es hatte keinen Sinn, zu diskutieren oder es abzustreiten. Was auch immer Gert vorhatte, würde ohnehin Realität werden. Die alte Frau riss ihr den Anzug aus den Händen und starrte sie wütend an. „Hast du ihn gestohlen? Ich will keine Diebe in meinem Haus haben. Das werde ich nicht dulden."

Sylvia presste die Lippen zusammen. Die Wahrheit war, dass sie ihn gestohlen hatte, aber sie hatte nicht erwartet, dass es Gert stören würde. Sowohl die Baniszewski-Kinder als auch die Jugendlichen, die ständig zu Besuch kamen, brachten jeden Tag eine Menge Zigaretten und Limonade mit und Sylvia wusste genau, dass sie kein Geld hatten, um sie zu kaufen. Jede Zigarette, die Gert geraucht hatte, war Diebesgut, aber sie paffte trotzdem eine nach der anderen und verdammte Sylvia dafür, dass sie tat, was sie zum Überleben brauchte. Das war nicht fair. Das war einfach nicht fair. Sylvia hatte die Ohrfeige erwartet und war darauf gefasst gewesen. Sie gab Gert nichts. Keinen Aufschrei. Kein Zusammenzucken.

Gert schlug erneut zu, diesmal fester. Die drahtigen Arme der Frau waren überraschend stark und erinnerten daran, dass sie zwar alt und gebrechlich aussah, aber nicht viel älter war als Sylvias richtige Mutter. Als das immer noch nicht genug war, packte Gert Sylvia an den Haaren und warf sie auf den schmutzigen Küchenboden. Hier und da hatte sie noch gelbe Flecken am Körper und die Erinnerung an das letzte Mal, als sie in der Küche gekämpft hatten, ließ Sylvias Magen aufheulen. Gert trat sie, bevor sie einen langen Zug an ihrer Zigarette nahm. Ein Heiligenschein aus blauem Rauch umgab sie, während sie zischte: „Hast du ihn gestohlen oder gekauft? Hast du ihn mit deinem Hurengeld gekauft?"
Der nächste Tritt ging an einen vertrauten Ort. Die blauen Flecken vom letzten Mal waren endlich verblasst, aber jedes Mal, wenn Gerts Ferse Sylvias Schritt traf, entflammte ihr ganzes Becken erneut vor brennendem Schmerz. Sie schrie auf. Sie konnte es nicht verhindern. Gert grinste. „Gefällt dir das, Hure? Kannst du es überhaupt noch fühlen, nach all den Männern, die dich benutzt haben? Für dich ist das ein ganz normaler Tag, nicht wahr? Nur ein weiterer Tag, an dem du auf dem Rücken liegst und die Beine für jeden breit machst, der dich will. Hast du so Geld für Kleidung bekommen? Während meine Kinder gebrauchte Kleidung tragen müssen, weil du zu dumm warst, deine Beine zusammenzuhalten, wenn ein Mann dich wollte?"
Sylvia versuchte, von ihr wegzukriechen, aber Gert folgte ihr mit glasigem Blick. Die Ferse bohrte sich bei jeder Gelegenheit in Sylvias empfindlichste Stellen. „Wie viele Männer hast du für diese Kleidung gefickt? Wie oft haben sie ihr Gift in dich gespritzt? Du hättest ein Leben haben können. Du hättest glücklich sein können. Aber jetzt bist du nichts weiter als eine

dumme, wertlose Hure. Das ist alles, was du jetzt noch sein wirst. Hure! Hure!“

Sylvia schrie und versuchte immer noch, wegzukriechen. Sie wollte Gert nicht trotzen, aber der Schmerz war noch heftiger als beim ersten Mal. Es war, als hätte jemand einen glühenden Schürhaken in sie hineingesteckt. Ein stechender Schmerz durchzog ihren Körper und ihre Beine waren schlaff und taub. Gert fiel die Zigarette aus dem Mund, während sie immer wieder „Hure! Hure!“ brüllte. Sie landete auf Sylvia, die überrascht aufschrie, und plötzlich wurde Gert ganz ruhig. Als sie wieder sprach, war ihre Stimme heiser. „Du hast ihn gestohlen. Du ... Du bist eine Diebin. Du musst bestraft werden wie ein Dieb.“

Sie stolperte zurück in den Raum und zündete sich eine weitere Zigarette an. Sylvia rollte sich zu einem Ball zusammen, um den kochenden Schmerz in ihrem Inneren zu bekämpfen. Sie zitterte, versuchte aber, regungslos zu bleiben. Sie hoffte wider besseres Wissen, dass Gert sie einfach vergessen würde.

Als sie spürte, wie Gert ihre Hände ganz sanft ergriff und sie von ihrem Körper wegzog, glaubte sie tatsächlich, dass es vorbei war. Dass Gert glaubte, sie genug bestraft zu haben. Als ihre verkrampften Finger mit einem festen, aber sanften Griff gelockert wurden, war das fast ein Trost. Es war das einzige Mal seit Langem, dass sie jemand ohne die Absicht, ihr Schmerzen zuzufügen, berührte, weshalb sie zu schluchzen begann. Sie konnte spüren, wie Gerts Atem über ihre Handfläche strich. „Es gibt nur ein Heilmittel für Diebe.“

Es gab keinen größeren Schmerz als eine Verbrennung. Sie erkannte ihn sofort, obwohl Sylvia den Herd nur einmal als kleines Mädchen angefasst hatte, was so lange her war, dass sie sich schon lange nicht mehr daran erinnern konnte. Sie schrie auf und versuchte, die Hand wegzuziehen, aber Gerts Griff war wie Stahl. Sie verschränkte die Finger und hielt das geschwächte Mädchen ohne jede Anstrengung fest. Sie schob die Zigarette zum nächsten Finger in der Reihe und drückte zu. Der Schmerz trat sofort ein. Intensiv. Er ließ sie ihren ramponierten Schritt ganz vergessen. Sie wimmerte und schluchzte, als die Zigarette weggezogen wurde, bevor Gert ein paar Mal paffte, um sie wieder heiß zu machen. Sylvia glaubte, vor Schmerzen verrückt zu werden, und das waren erst zwei Finger gewesen. Sie hatte noch acht. Als sie versuchte, sich zu wehren, setzte sich Gert auf sie, klemmte ihren Arm zwischen die klammen Schenkel und lachte schrill. „Das ist es, was Diebe verdienen. Das ist alles, was du verdienst."

Die Colaflasche

Falls Sylvia geglaubt hatte, dass ihre Bestrafung vorbei war, nur weil jeder ihrer Finger versengt worden war und sie vor Schmerzen ohnmächtig geworden war, hatte sie sich gewaltig geirrt. Der Schmerz war nur ein Teil der Lektion. Es musste auch noch eine Demütigung geben. Also wurden ihr im Wohnzimmer, vor den Augen aller Jungen aus der Nachbarschaft, der Rock nach oben und der Slip nach unten gezogen. Gert schlug sie mit einem Gürtel, bis sie Striemen an Gesäß und Oberschenkeln hatte, bevor sie auf den schmutzigen Boden fiel. Vor den Schlägen waren die Kinder in einer von Gerts Strafpredigten über Sylvias Missetat informiert worden, doch nun war der Zeitpunkt gekommen, dass sie an der Bestrafung teilnahmen. Gert ermutigte sie, das Mädchen mit der Zigarette zu verbrennen, damit sie regelmäßig daran erinnert wurde, dass Stehlen falsch war. Ein Kind nach dem anderen trat vor, einige waren gerade mal zwölf Jahre alt, und drückte seine Zigarette auf Sylvias nacktem Körper aus. Sie wimmerte jedes Mal, was die sadistischeren Jungen jedoch nur noch ermutigte. Coy drückte seine Zigarette auf ihrem Oberschenkel so nah wie

möglich an ihrer Vagina aus, ohne dass Stephanie ihn der Untreue bezichtigen konnte.
Von diesem Tag an diente Sylvia als lebender Aschenbecher im Haus Baniszewski. Jede Verbrennung sollte sie daran erinnern, dass sie nicht stehlen durfte. Doch stattdessen erteilte man ihr eine ganz andere Lektion. Ohne Nahrung und – wegen der ständigen Angst – fast ohne Schlaf hatte Sylvias Körper seine Selbstheilungskräfte aufgegeben. Die Verbrennungen an den Händen hatten sich eine Woche nach der Bestrafung kaum verändert. Coy war am Tag nach den Verbrennungen für eine weitere Trainingsrunde vorbeigekommen, und obwohl er mutiger wurde, tat er immer noch nicht viel mehr, als sie herumzuwerfen. Die blauen Flecken waren inzwischen von einem stumpfen, schmutzigen Braun und verblassten nicht mehr. Es war, als würde ihr ganzer Körper allmählich abschalten. Sie war so lange hungrig gewesen, dass sie vergessen hatte, wie es sich anfühlte, nicht hungrig zu sein. Dieses Gefühl war hinter die alarmierenden Schmerzen zurückgetreten, die sich in ihrem Körper breitmachten. Vor allem in ihrem Becken. Ihre Regelblutung hatte kurz nach ihrer Ankunft im Baniszewski-Haus aufgehört, vielleicht wegen des Stresses, vielleicht auch wegen des chronischen Hungers. Gert hatte es noch nicht bemerkt, aber wenn sie es tat, würde es sicher als weiterer Beweis dafür gelten, dass sie schwanger war, obwohl sie in den letzten Monaten nie auch nur in der Nähe eines Jungen gewesen war, der sie nicht aktiv verstümmelt hätte. Sylvia wurde klar, dass sie nicht länger darauf hoffen und warten konnte, dass sich ihre Situation von allein bessern würde. Die Verbrennungen an ihren Fingern waren der Beweis dafür, dass ihr Körper

allmählich aufgab. Sie würde sterben, wenn sie nicht endlich handelte.

Da die ganze Stadt sie für eine Lügnerin hielt, konnte sie niemanden um Hilfe bitten, also kehrte sie zu ihrem ursprünglichen Plan zurück, um ihren Hunger zu bewältigen. Sie sammelte so viele Limonadenflaschen, wie sie im Haus finden konnte, und streifte dann durch die Straßen, um weitere Flaschen aus dem Müll zu holen und einzutauschen. Sie wusste um die Risiken. Nicht nur die sehr realen Risiken eines Teenagers, der nachts durch die Straßen von Indianapolis streifte, sondern auch die weitaus erschreckendere Aussicht, dass Gert bemerken würde, dass sie sich aus dem Haus geschlichen hatte, aber ihr blieb keine andere Möglichkeit. Sie musste essen.

Ihr erster Abend auf der Straße war ein voller Erfolg. Sie schaffte es, genug Geld zusammenzukratzen, um sich etwas zum Essen zu kaufen, das sie auf einer Bank verzehrte, bevor sie nach Hause ging. Sie hätte gerne mit ihrer Schwester geteilt, aber sie musste befürchten, dass alles, was sie mitbrachte, konfisziert und bei Gerts jüngster Hexenjagd als Beweismittel gegen sie verwendet werden würde. Zum ersten Mal seit Monaten machte sich Sylvia mit vollem Magen auf den Heimweg und versuchte, sich in all dem abendlichen Getümmel unbemerkt in ihr Zimmer zu schleichen. Gert schien heute Abend nicht inmitten des Gelächters und des Spotts zu sein, und für einen Moment glaubte Sylvia, ausnahmsweise das Glück gehabt zu haben, dass die alte Frau früh zu Bett gegangen war. Doch in dem Moment, in dem sie ihr Zimmer betrat, wurde ihr klar, dass das Glück nie auf ihrer Seite war. Gert war dort. Und wartete auf sie.

Sie versuchte nicht einmal, sich zu wehren, als Gert sie ins Wohnzimmer zerrte. Sie versuchte nur, sich in sich zurückzuziehen. All das hatte keine Bedeutung. Sie hatte gegessen. Sie würde wieder zu Kräften kommen. Sie würde all das hinter sich lassen. All das war nur vorübergehend. Die blauen Flecken würden verblassen. Die Scham, die Demütigung, all das würde vorübergehen. Sie war stärker als das. Gert stieß sie in den Raum und alle Augen richteten sich auf sie. Sylvia hätte die Verlegenheit eigentlich längst überwunden haben müssen, aber sie errötete immer noch, wenn sich alle Blicke auf sie richteten. Alte Gewohnheiten ließen sich nur schwer ablegen. Ihr Schamgefühl wurde durch Gerts Gebrüll nicht besser. „Seht mal, was die Katze angeschleppt hat. Unsere Borstenschwalbe hat ihren Spaziergang durch die Straßen endlich beendet."

Sylvia blickte sich nervös um. Ein paar Kinder aus der Nachbarschaft rauchten. Das konnte sehr schnell sehr schmerzhaft werden, wenn sie nicht vorsichtig war. „Was ist los, Hure? Wirst du plötzlich schüchtern? Du hast den ganzen Abend damit verbracht, deinen Körper für Männer zur Schau zu stellen, dich auszuziehen und die Beine breit zu machen. Und jetzt wirst du rot?"

Gert stand direkt hinter ihr. Sie spürte die mächtige Präsenz dieses Monsters in ihrem Rücken. Sie beugte sich so weit vor, dass ihr Zigarettenatem Sylvias Ohr kitzelte. „Bist du zu gut für diese Jungs? Ist es das? Du hurst mit all den schicken Männern herum, aber hältst dich für etwas Besseres als diese Jungs hier?"

Sylvias Augen huschten immer noch durch den Raum. Heute Abend waren kaum Mädchen hier und obwohl sie nicht glaubte, dass Gerts Unsinn die Jungs wirklich wütend machen würde, war die ganze Situation so verwirrend, dass sie vielleicht im nächsten Moment über sie herfallen würden. Das war das Erschreckendste an Gert. Sie hatte alle Regeln abgeschafft, um ihre eigenen aufstellen zu können, aber es gab diese riesige Grauzone, in der alles passieren konnte. Dinge, über die Gert noch keine Entscheidung getroffen hatte. Die alte Frau zog sich in den Türrahmen zurück, sodass sie im Raum eingeschlossen war. „Na los, du Hure. Biete den Jungs eine Show. Ich weiß, dass du das willst. Sie wissen, dass du es willst. Alle wissen, dass du eine Hure bist. Also tu es."

Sylvia zitterte bereits und ihre Stimme überschlug sich, als sie fragte: „Was tun?"

„Zieh dich für sie aus, Hure."

Ihre Hände bewegten sich, als hätten sie einen eigenen Willen. Ihr Körper ließ sie im Stich. Vor einem Monat wäre Sylvia eher gestorben, als sich vor einem Raum voller Jungs auszuziehen, aber nun waren ihr Stolz und ihre Scham vom Schrecken zermalmt worden. Sie streifte den Rock von den Beinen. Dann knöpfte sie die Bluse auf und ließ sie auf den Boden fallen. Sie schlüpfte aus den Schuhen und trat sie ebenfalls weg. Sie versuchte, die Jungen nicht anzuschauen. Sie wusste nicht, was sie dort sehen würde, und wenn ihre Erniedrigung Lust ausgelöst hatte, wusste sie nicht, ob sie es ertragen konnte. Und sie war sich nicht sicher, ob sie auch mit Mitleid umgehen könnte. Also war es sicherer, den Blick auf die schmutzigen Dielen zu richten. „Und den Rest auch. Huren tragen keine Kleider."

Sylvia schloss die Augen. Sie öffnete ihren BH und ließ ihn auf den Boden fallen. Sie hakte die Daumen in ihren Slip ein und zog ihn mit einem Ruck herunter. Sie weinte. Obwohl sie es nicht wollte. Wenn es nach ihr gegangen wäre, hätte sie Gert

nichts gegeben. Doch ihr Körper verriet sie erneut. Die zitternden Beine. Die Brustwarzen, die sich in der kalten Luft aufstellten. Das hysterische Schluchzen, das sie nur mit Mühe unterdrücken konnte, indem sie die Augen so fest wie möglich zusammenkniff. Sie tat so, als wäre sie ganz allein.
Gert knurrte. „Zeig ihnen, was du für dein Geld tust, du Hure."
Sylvia wusste nicht, was von ihr verlangt wurde, und stand wie erstarrt da. Sie widerstand dem Drang, sich zu bedecken oder aus dem Zimmer zu rennen, weil sie nicht noch einmal Gerts Gürtel spüren wollte. Nackt geschlagen zu werden, wäre mehr gewesen, als sie ertragen konnte. Sie spürte, wie etwas gegen ihre Hand stieß, und obwohl sie verzweifelt versuchte, die Augen geschlossen zu halten und die Tränenflut zurückzuhalten, konnte sie nicht anders, als nach unten zu schauen. Gert versuchte, ihr eine leere Colaflasche aus Glas in die Hand zu drücken. Sylvia starrte sie nur an. Nach ein paar weiteren Stößen nahm sie sie schließlich, aber es ergab immer noch keinen Sinn. Warum gab Gert ihr eine Flasche? Wollte sie damit zugeben, dass sie wusste, was Sylvia die ganze Nacht über wirklich getan hatte? War ihre Strafe endlich vorbei?
„Zieh eine Show ab. So wie du es tust, wenn du herumhurst. Schieb sie rein."
Nichts, was sie sagte, ergab einen Sinn. Sylvia starrte sie nur ausdruckslos an, bis Gert knurrend ihr Handgelenk packte und die Flasche nach unten führte, bis sie gegen ihre geprellte Vagina stieß. Nein, das konnte sie unmöglich wollen. Gert knurrte. „Tu es, du Hure. Tu es."
Die anderen stimmten in ihre Forderungen ein und die pubertären Stimmen der Jungen schienen tiefer als sonst. „Tu es. Tu es. Tu es. Tu es."

Sylvia sah auf und auf den Gesichtern stand ein schrecklicher Hunger. Obwohl einige der Jungen rot anliefen und sich schämten, schauten sie nicht weg. Alle Augen im Raum waren auf Sylvia gerichtet, auf den geheimsten und verborgensten Teil von Sylvia, der nun für die ganze Welt zu sehen war. Sie schluckte die Galle hinunter, die ihr die Kehle hinaufstieg, und drückte den offenen Flaschenhals hinein. Er war kalt, selbst im Vergleich zur Kälte des Zimmers, und ihre Hände zitterten so stark, dass sie sie fast fallen ließ. Sie fragte sich, was passieren würde, wenn sie sie fallen lassen würde. Würde Gert eine andere holen? Würde sie sie dazu bringen, das zerbrochene Glas auf dieselbe Weise zu benutzen? Sie umklammerte die Flasche fester und schob sie noch ein wenig tiefer hinein. Es begann zu schmerzen, als der Hals breiter wurde und das Ende tiefer ging. Sylvia tat, was sie konnte, um ihr hart verdientes Essen bei sich zu behalten, aber es war ein aussichtsloser Kampf. Sie musste sich beeilen. Wenn sie es nur hinter sich bringen würde, könnte sie sich davonschleichen. Sie könnte sich in ihrem Zimmer hinlegen, einschlafen und so tun, als wäre das alles nie passiert. Ein kleines Wimmern entkam ihr, als sie die Flasche tiefer in sich hineinschob, und die Jungs lehnten sich nach vorne und sabberten praktisch. Gert verlor allmählich die Geduld. „Lässt du alle Männer so lange warten? Beeil dich."

Sylvia versuchte, den Schmerz zu überwinden, aber es war, als ob die Flasche auf eine Art Barriere in ihr gestoßen wäre und nicht mehr weitergehen konnte. Gert knurrte. „Ich sagte, beeil dich!"

Die Hand der alten Frau schnellte hervor und sie schlug, so fest sie konnte, auf den flachen Boden der Flasche. Die Hälfte seiner Länge verschwand in Sylvias Inneren. Dann kam der

Schmerz. Sie fiel zu Boden und schrie so laut, dass selbst Gert erschrak. Blut tropfte das Glas hinunter und sammelte sich auf dem Boden zwischen Sylvias Knien.
Gert stand über ihr und spottete: „Ich bin mir sicher, du hast schon größere gehabt, Hure. Und jetzt fick dich damit."
Sylvia wimmerte und versuchte, die Flasche herauszuziehen, aber selbst diese leichte Bewegung ließ sie wieder schreien. Irgendetwas stimmte nicht. Es fühlte sich an, als ob etwas in ihr zerrissen wäre. Sie zitterte und weinte. Ihre Hände tasteten vergeblich nach dem glitschigen, blutigen Glas, versuchten verzweifelt, es herauszuziehen. Die Tränen liefen ihr nun über das Gesicht und jeder Versuch, stoisch zu bleiben, ging in der Qual des Augenblicks unter. „Bitte. Hilf mir. Oh Gott. Hilfe."
Gert verdrehte angewidert die Augen. „Keiner von uns will sich mit deinen Hurenkrankheiten anstecken und deinen schmutzigen Schlitz berühren. Zieh es heraus."
„Ich ... ich k-kann nicht." Sylvia schluchzte.
Gert griff nach der Flasche, was Sylvia einen weiteren Schrei entlockte. „Albernes Mädchen."
Sie riss sie aus Sylvia heraus und ein weiterer schriller Schrei folgte. Ein halber Zentimeter Blut und andere trübe Flüssigkeiten sammelten sich in der Flasche, als Gert sie gegen das Licht hielt. Das ließ sie für einen Moment innehalten. Als sie sich wieder zu Sylvia umdrehte, war das Mädchen ohnmächtig geworden. Mit übertriebenem Ekel zerrten Stephanie und Paula sie ins Bett. Die Colaflasche wurde mit dem Rest des Mülls weggeworfen und schnell vergessen.

Der Keller

Am nächsten Morgen wachte Sylvia in einer Pfütze aus blutigem Urin auf. In der Nacht war es kühl geworden, ohne dass sie davon wach geworden war. Obwohl die Schmerzen so stark waren, dass sie kaum aufstehen konnte, versuchte sie, die schmutzige Kleidung, die sie nass gemacht hatte, zusammenzupacken und davon zu kriechen, um sie zu waschen, bevor Gert es bemerken würde. Natürlich erwischte die alte Frau sie wieder auf frischer Tat. Sie sah auf das schmutzige, nackte und blutverschmierte Mädchen hinunter und seufzte. „Du kannst ja nicht einmal mehr mit Menschen zusammenleben. Du kannst nicht einmal verhindern, dass du dich vollpinkelst. Du bist wie ein Hund. Nein, du bist schlimmer als ein Hund. Ein Hund kann wenigstens trainiert werden. Ich wünschte, wir hätten uns einen Hund zugelegt und nicht dich und deine schwachsinnige Schwester."
Sylvia lag weinend auf dem Küchenboden, als Gert sie trat. „Runter mit dir. Runter in deinen Zwinger. Du eignest dich nicht für einen Stuhl, du eignest dich nicht für Kleidung und nun eignest du dich auch nicht mehr für ein Bett."

Sylvia schluchzte: „Bitte. Bitte hilf mir. Ich brauche einen Arzt. Ich brauche Hilfe.“
Gert kniff die Augen zusammen. „Hast du Geld für einen Arzt? Ich habe nämlich keins.“
Sie packte Sylvia an den Haaren und schleifte das wimmernde Mädchen zur Kellertür und trat es die Treppe hinunter. Jedes Mal, wenn Sylvia es schaffte, ihren Sturz in die Dunkelheit aufzuhalten, verpasste Gert ihr einen weiteren Tritt in die Rippen. Schließlich landete sie wieder auf dem schmutzigen Kellerboden und weinte und stöhnte wie beim ersten Mal, als Coy sich an ihr vergriffen hatte. Ohne Kleidung dauerte es nicht lange, bis die Kälte in ihren Körper drang, aber sie ließ es bereitwillig zu. Wenn sie betäubt wäre, würde der schreckliche Schmerz in ihr vielleicht nachlassen.
In dieser Nacht kam Gert herunter, um sie sich genau zu betrachten. Bei ihren vergeblichen Versuchen, Schlaf zu finden, hatte sie sich wieder einmal eingenässt. Ihre Verletzungen hatten sie inkontinent gemacht. Gert schimpfte mit ihr. „Schmutzig. Absolut schmutzig. Du wirst hier unten bleiben müssen, du schmutziges Mädchen. Und wir werden dich schrubben müssen. Du verdorbenes Ding.“
Sylvia krächzte. „Bitte. Ich brauche Hilfe.“
Gert schnaubte. „Ich werde Hilfe brauchen. Du hast dich schon so lange vollgestopft, dass es ein Wunder wäre, wenn ich oder die Mädchen dich hochheben könnten.“
Sie trommelte die nützlichsten Jungs ein, die sie oben finden konnte – Coy, ihren Sohn John und einen weiteren Jungen aus der Nachbarschaft, Ricky Hobbs, den sie schon seit einiger Zeit im Auge behalten hatte. Zu dritt schleppten sie die völlig erschöpfte Sylvia die Treppe hinauf und ins Bad, wo Gert und Paula warteten. Es gab nur eine Badewanne im

Haus, ein Ding mit Klauenfüßen, das mit heißem Wasser gefüllt werden musste. Trotz der relativen Wärme im Raum stieg Dampf aus dem Wasser auf. Ohne darüber nachzudenken, tauchte Ricky den Finger ein, um die Temperatur zu prüfen, und schrie auf. Es war brühend heiß. Gert nickte ihnen zu. „Werft sie rein."

Ricky hielt Sylvias Beine fest, der übelste Job war dem Jüngsten überlassen worden. Während die anderen Jungen sie hineinwerfen wollten, zog er sie zurück. „Wartet, das Wasser wird sie verbrennen. Das ist viel zu heiß."

Paula, Coy und John sahen sich nervös an, aber Gert lachte nur. „Lasst mich kurz mit meinem neuen Assistenten hier sprechen. Ihr Jungs wascht sie. Paula, du schrubbst sie mit Salz, wenn sie fertig sind."

Ricky schüttelte den Kopf. „Das ist nicht richtig."

„Jetzt komm schon. Lass mich dir ein paar Dinge erklären." Gert reichte ihm die Hand und führte ihn aus dem Zimmer. Er zuckte zusammen, als er Sylvias Schreie hörte, und sah für einen Moment so aus, als würde er zurücklaufen, aber Gert hielt seine Hand fester und führte ihn in das Schlafzimmer der Jungen. In den einzigen Raum im Haus, der noch eine Tür hatte.

Sie musterte ihn von oben bis unten und schob ihn auf das Bett. „Wie alt bist du jetzt, Ricky?"

Er blickte nervös von Gert zur Tür. Er konnte immer noch das überschwappende Wasser hören, aber die Schreie schienen verstummt zu sein. „Ich ... ich bin vierzehn, Mrs Wright. Fünfzehn in ein paar Monaten."

Sie lächelte ihn an. Ihre Zähne schienen länger als normal zu sein. Als hätte sich ihr Zahnfleisch zurückgebildet oder als wären sie länger geworden, damit sie ihn besser beißen

konnte. Er schauderte. „Vierzehn Jahre alt. Das hätte ich nie gedacht. Du siehst so reif aus."
Er war nicht immun gegen Schmeicheleien und ein kleines Lächeln umspielte seine Lippen. „Vielen Dank, Mrs Wright."
„Bitte. Nenn mich Gertie."
„G...Gertie. Das Wasser. Es war viel zu ..."
„Hast du schon eine Freundin, Ricky? So ein hübscher Junge wie du hat sicher Mühe, sich die Mädchen vom Hals zu halten."
„Nein, Mrs ... ähm ... Gertie. Nein, habe ich nicht."
„Mädchen in deinem Alter sind kaum die Zeit wert, oder? Keine nennenswerten Titten. Haben zu viel Angst, einen Jungen da unten auch nur anzufassen. Du wartest wahrscheinlich nur darauf, dass das richtige Mädchen vorbeikommt, nicht wahr? Die Art von Mädchen, die dich so behandelt, wie du es verdienst."
Mit jedem Wort kam sie näher. So nah, dass er das Nikotin riechen konnte, das an ihrer Kleidung haftete. Er lehnte sich zurück, damit sie ihm keinen Kuss aufdrücken konnte, denn es sah so aus, als wollte sie genau das tun, aber sie hatte ein anderes Ziel für ihre Lippen im Sinn. Sie rutschte vor ihm auf die Knie und knöpfte mit geschickten Fingern seine Hose auf. Sie leckte sich über die Lippen und sah zu ihm auf. „Ich brauche einen Assistenten, Ricky. Jemand, der mir hilft, mit dem Monster im Keller fertig zu werden. Jemand, der beim Heben und Tragen hilft. Ich habe kein Geld, um dich zu bezahlen, aber ... ich kann dich auf andere Weise bezahlen."
Er erschauderte, als sich ihre Hände auf seine Schenkel legten und sie sich näher heran lehnte. Sie hatte das schon oft gemacht, um ihren Willen durchzusetzen, selbst wenn es um weit weniger ging als darum, eine kleine Petze davon

abzuhalten, loszurennen und allen von ihrem Tun zu erzählen. Männer waren leicht zu kontrollieren, wenn man wusste, wo man den richtigen Druck ausüben musste.

Drei Minuten später kamen sie wieder aus dem Schlafzimmer. Gert räusperte sich und Ricky hüpfte praktisch vor Aufregung auf und ab. Im Badezimmer stöhnte Sylvia vor Schmerz, als das Salz über ihr empfindliches, rotes Fleisch gestreut wurde, doch Ricky bekam seltsamerweise nichts davon mit. Er hob das Mädchen ganz allein hoch und trug es, ohne zu zögern, in den Keller – abgesehen von einer kurzen Pause, in der er grinste, als Gert kommentierte, wie stark er sei. Am Fuße der Treppe ließ er Sylvia einfach fallen. Als sie auf dem Boden aufschlug, stieß sie einen kleinen Schmerzensschrei aus, der aber im Vergleich zu all ihren anderen Leiden so unbedeutend war, dass es sich eher um ein Ausatmen als um einen Schrei handelte. Ricky hörte ihn sowieso nicht. Er hüpfte bereits mit einem Grinsen im Gesicht die Treppe in Richtung Tageslicht hinauf.

In den folgenden Wochen wurde die Reinigungskur fortgesetzt. Nachdem der anfängliche Schmerz ihrer inneren Verletzungen abgeklungen war, ließ Gert Coy und Ricky ihre Hände und Füße fesseln, bevor sie ins Bad getragen wurde. An manchen Tagen wurde sie dagegen überhaupt nicht gewaschen und blieb allein unten im Keller, nur mit dem Geruch ihrer eigenen Exkremente als Gesellschaft. Ein anderes Mal schleppte Gert sie nach oben und schrubbte sie im Laufe des Tages zwei- oder dreimal. Seit sie in den Keller geschickt worden war, gab es für Sylvia noch seltener etwas zu essen. Gert brachte ihr eine Schüssel Suppe herunter, wenn sie einen Eintopf gekocht hatte, aber sie weigerte sich, dem Mädchen Besteck zu geben. Sylvia war ein Tier, also musste sie auch wie ein Tier essen und versuchen, die wässrige Brühe mit bloßen Händen in den Mund zu schaufeln. Das einzige andere Mal, dass sie essen durfte, war, als Gert und der zwölfjährige John Junior herunterkamen, um den Keller aufzuräumen. Sie schaufelten ihre Fäkalien mit einer Gartenkelle auf, dann drückte Gert Sylvia den Kiefer auf, während John ihr ihre eigenen Exkremente in den Rachen schüttete. Wenn der Geruch von Ammoniak in die Küche drang, schüttete Gert ein paar Eimer Wasser auf den Boden und gab Sylvia eine alte Kaffeedose, die sie als Toilette benutzen sollte. Einmal am Tag kamen Gert und Ricky in den Keller und zwangen sie, den Inhalt zu trinken. Das Schlimmste war, dass diese Momente der Qual in der Badewanne oder der Demütigung und des Ekels im Keller die Höhepunkte von Sylvias Tag waren. Die einzigen Momente, in denen sie den einfachen Luxus des Lichts genießen konnte.

Verpasste Gelegenheiten

Behandlung der Likens-Mädchen war bei den Menschen, die ihren Weg kreuzten, nicht ganz unbemerkt geblieben. Judy Duke, die eines Abends durch Gerts Lügen zum Streit mit Sylvia verleitet worden war, war verwirrt und verzweifelt nach Hause zurückgekehrt. Sie hatte sich an ihre Mutter gewandt und gesagt: „Sie haben Sylvia geschlagen und getreten", wobei sie darauf achtete, sich selbst als unschuldig darzustellen. Doch ihre Mutter schien völlig unberührt, da sie die Geschichten über die Likens-Mädchen gehört hatte. Ihre Eltern waren Schausteller. Da war es ja wohl keine Überraschung, dass ihre Kinder miese kleine Lügnerinnen waren. Sie nahm ihre Tochter bei der Hand und erklärte ihr, dass nicht jedes Mädchen so gut und brav sei wie sie, und wenn ein böses Mädchen etwas Böses tue, sei Gewalt manchmal die einzige Strafe, die es verstehen würde. Dies von ihrer eigenen Mutter zu hören, reichte zwar aus, um Judy zu beruhigen, doch sie zog sich von da an von den Baniszewskis zurück.

Nicht lange nachdem die Likens-Mädchen vom Baniszewski-Haushalt „adoptiert" worden waren, bekam Gert neue

Nachbarn. Die Vermillions kauften das Haus neben ihrem und als das berufstätige Paar Raymond und Phyllis Vermillion mittleren Alters sah, wie viele Kinder unter Gerts Dach wohnten, vermutete es, dass sie der ideale Babysitter für ihre eigenen Kinder sein würde. Nach dem Zustand ihres Hauses zu urteilen, hielten sie es auch für einen Akt der Nächstenliebe, sie für diesen Dienst zu bezahlen. Doch sie waren nicht einmal annähernd so nachlässig wie die Likens und luden die Familie Baniszewski zu einem Grillfest ein, um ihre neuen Nachbarn kennenzulernen, bevor sie das Thema Babysitting überhaupt ansprachen. Gert schien die ganze Nachbarschaft von Teenagern und Kindern mitzubringen und das Essen verwandelte sich schnell in einen riesigen Tumult. Dennoch freuten sich die Vermillions über die spielerische Atmosphäre ... zumindest bis sie ein hageres Mädchen mit zwei schwarzen Augen entdeckten.

Phyllis schnappte sich Paula Baniszewski und fragte sie, was mit dem Mädchen passiert sei, und war entsetzt, als Paula stolz verkündete, dass sie es gewesen sei, die Sylvia verprügelt habe. Dann verschwand sie in der Küche und kam mit einem Becher voll kochendem Wasser zurück, den sie Sylvia ins Gesicht schüttete, während Gert zustimmend nickte. Natürlich muss an dieser Stelle nicht erwähnt werden, dass die Vermillions einen anderen Babysitter fanden.

Doch sie unternahmen auch keinen Versuch, die Behörden auf Sylvias Behandlung aufmerksam zu machen. Da alle anderen in der Nachbarschaft die Ereignisse, die sie miterlebten, ganz normal behandelten, wurde diese Gewalt auch für die Vermillions selbstverständlich ... selbst als Phyllis zu den Baniszewskis ging, um sich ein Gartenwerkzeug auszuleihen, und dabei sah, wie Paula Sylvia mit einem Gürtel ins Gesicht schlug, bis ihre Lippen aufplatzten.

Kurz nachdem Sylvia in den Keller verbannt worden war, ergab sich eine weitere Gelegenheit zur Rettung. Reverend Julian hatte ein Programm entwickelt, um zugänglicher zu wirken, und suchte nun seine Gemeindemitglieder zu Hause auf. Er saß mit Gert in der Küche, nur wenige Meter von der Kellertür entfernt, trank Kaffee und schluckte ihre Lügen ebenso bereitwillig hinunter. „Dieses Likens-Mädchen. Diese Sylvie. Sie ist eine schreckliche Last für mich, Reverend. Es schmerzt mich, es zuzugeben, aber sie ist ein solcher Schandfleck für diese Familie, dass es ein Wunder ist, dass ich alles zusammenhalte. Wenn ich an jenem ersten Tag, als sie in mein Haus eindrang, gewusst hätte, was für ein Mensch sie ist, hätte ich sie sofort wieder hinausgejagt. Das kann ich Ihnen sagen. Sie ist eine Prostituierte. Das Niedrigste vom Niedrigen. Das Unheiligste ... Aber nicht nur das, sie beschmutzt nicht nur sich selbst, sie ruiniert auch das Leben guter Männer. Sie bietet ihre Dienste verheirateten Männern an, Reverend. Dann kommt sie hierher zurück und macht Witze darüber. Sie ist schwanger, wissen Sie. Sie wurde von einem der verheirateten Männer geschwängert, mit denen sie zusammen war."

Paula kam mitten in ihrem Gespräch ins Zimmer. Ihr Bauch schwoll durch das Baby, das sie in sich trug, bereits an. Sie war zwar bereits einige Monate schwanger, aber noch nicht so weit, dass Gert ihr weite Kleider anzog. Der Pfarrer versuchte, sie nicht anzustarren, aber Gert hatte einen Funken Wut in den Augen, als er sich ihr wieder zuwandte. „Diese fiese kleine Lügnerin hat versucht, alle ihre Sünden – alle ihre Verbrechen – auf meine süße Paula zu schieben. Sie behauptete, dass sie schwanger sei! Das ist lächerlich. Meine Paula ist eine Jungfrau. So rein wie ein Mädchen nur sein kann. Die Art und Weise, wie Sylvie sie behandelt hat, ist verachtenswert. Und dass, nachdem sie sie in ihr eigenes Haus eingeladen hat."

Der Reverend reichte beiden Frauen jeweils eine Hand. „Lasst uns für sie beten."

Es dauerte nur einen Moment, bis ihre stille Kontemplation durch Paula unterbrochen wurde, als diese herausplatzte: „Ich hasse sie aus tiefstem Herzen."

Gert brachte sie mit einem scharfen Blick zum Schweigen. „Du meinst wohl, dass du sie tief in deinem Herzen liebst. Auch wenn du sie hassen solltest, weil sie dir so viel Unrecht angetan hat."

Paula murmelte: „Ja, natürlich. Ich hasse sie nicht."

Der Reverend vereinbarte einen weiteren Besuch, um die Probleme der Familie zu besprechen, verließ das Haus und vergaß die Sache sofort wieder.

Von allen Menschen auf der Welt gab es nur einen, an den sich die Likens-Mädchen wenden konnten. Ihre bisherigen Versuche, mit ihren Eltern in Kontakt zu treten, wurden durch deren ständig wechselnde Adresse vereitelt – eine Information, die nur Gert bekannt war. Sie hatten keine Tanten oder Onkel, sondern nur eine Großmutter. Doch diese war kränklich, verarmt und kümmerte sich bereits um Jennys Zwillingsbruder Benny. Also gab es nur noch ein Familienmitglied, an das sie sich wenden konnten. Ihre Schwester Diana.

Als Sylvia zum ersten Mal in den Keller gesperrt wurde, schrieb Jenny ihr einen ausführlichen Brief, in dem sie sämtliche Qualen schilderte, die sie durch die Familie

Baniszewski erlebt hatten. Sie flehte ihre Schwester an, die Polizei vorbeizuschicken, um sie zu retten, doch Diana glaubte ihr kein Wort. Sie war verheiratet und hatte eine eigene Familie, und es war bei Weitem nicht das erste Mal, dass ihre jüngeren Schwestern versucht hatten, bei ihr und ihrem Mann einzuziehen. Doch Diana befürchtete, dass ihre Ehe ihre Anwesenheit nicht überleben würde. Als sie den Brief erhielt, stand sie bereits kurz vor einer chaotischen Scheidung und sah sich mit einer Aussicht konfrontiert, die der von Gertrude Baniszewski nicht unähnlich war. Mit neunzehn Jahren alleinerziehende Mutter zu werden, war keine verlockende Aussicht, und die Belastung durch zwei weitere Kinder war zu schrecklich, um auch nur daran zu denken. Zusammen mit der wechselhaften Beziehung der Likens-Eltern waren die flehenden und bettelnden Anrufe von Sylvia und Jenny zu einem ziemlich regelmäßigen Ereignis geworden. Also reduzierte Diana Jennys explizite Beschreibungen von Gewalt und Erniedrigung auf eine allgemeine körperliche Züchtigung, warf den Brief in den Papierkorb und ging ihrem Alltag nach.

Doch irgendetwas an dem Brief nagte an Diana. Es gab Details darin, grausame Details, von denen sie nicht erwartet hätte, dass ihre kleine Schwester sie erfinden könnte. Also machte sie schließlich einen Einkaufsbummel in Indianapolis und fuhr auf dem Weg dorthin zum Haus der Baniszewskis. Eines der Kinder öffnete ihr die Tür und blinzelte in der späten Morgensonne zu ihr hoch, bevor Gert nur einen Moment später erschien. Diana begrüßte sie mit einem Lächeln. „Hallo, ich habe gehört, Sie kümmern sich um meine Schwestern? Ich bin Diana.“

Die Antwort, die sie erhielt, machte sie nur noch besorgter.
„Sie sind hier nicht willkommen."
„Wie bitte?"
„Lester. Er hat mich angerufen und gesagt, Sie dürften die Mädchen nicht sehen. Er sagte, Sie dürften nicht einmal ins Haus kommen."
Diana starrte sie verwundert an. „Warum in aller Welt sollte er so etwas sagen?"
„Das ist eine Familienangelegenheit, die Sie unter sich ausmachen müssen. Aber Sie werden die Mädchen nicht sehen, bevor ich nicht sein Einverständnis habe." Damit schloss Gert die Tür.
Diana erschien das alles ein wenig zu seltsam, also ging sie ein Stück weiter die Straße hinunter, zündete sich eine Zigarette an und wartete. Es waren fast zwei Stunden vergangen, bis sie bekam, worauf sie wartete. Jenny kam aus dem Haus und schleppte einen Müllsack, der fast so groß war wie sie selbst. Diana eilte auf sie zu, doch statt der erwarteten herzlichen Begrüßung bekam sie einen kleinen Schrei der Angst. „Ich darf nicht mit dir sprechen. Geh weg."
Das war alles so bizarr, dass Diana von einem Münztelefon den Sozialdienst von Indianapolis anrief und eine Untersuchung verlangte.
Einige Tage später traf eine Sozialarbeiterin im Haus der Baniszewskis ein und fand eine verzweifelte Gert vor, die sich bereits eine Geschichte zurechtgelegt hatte. Jenny war ebenfalls anwesend, nach bestem Wissen und Gewissen der Baniszewski-Mädchen gewaschen und geschminkt. Jedem Wort, das Gert sagte, jeder noch so abscheulichen Unterstellung stimmte sie mit einem Nicken zu. Gert hatte sie in die Enge getrieben, bevor die Sozialarbeiterin eingetroffen

war, und eines sehr deutlich gemacht: Wenn sie Gert in irgendeiner Weise widersprach, würde sie nackt ausgezogen und ebenfalls in den Keller verbannt werden. Es war auch nicht schwieriger, zwei kleine Huren verschwinden zu lassen als eine.

Die Geschichte, die Gert der Sozialarbeiterin auftischte, war zum Teil eine Irreführung und zum Teil die fieberhafte Fantasie, die sie den Likens-Mädchen von Anfang an eingeflößt hatte. Sylvia wäre vor einigen Wochen aus dem Haus geworfen worden, nachdem Gert entdeckt hatte, dass sie unrein und eine Prostituierte war. Da sie ihre eigenen Kinder nicht Sylvias laszivem Lebensstil aussetzen wolle, habe sie beschlossen, dass es besser war, wenn sie sich trennten, aber Jenny war der stumme Beweis dafür, dass es im Haus kein Problem gab, das ein Mädchen im Teenageralter dazu gebracht hatte, sich zu prostituieren und von zu Hause wegzulaufen. Denn wenn das gute Mädchen noch hier war, lag die ganze Schuld bei dem bösen Mädchen. Jenny nickte zustimmend und ihr Blick wanderte nicht ein einziges Mal zur Kellertür hinüber. Sie war zappelig und nervös, aber dass jemand erzählte, dass ein Familienmitglied eine Prostituierte sei, war wahrscheinlich stressig genug, um dieses Verhalten auszulösen. Nachdem die Sozialarbeiterin gegangen war, gab Gert Jenny einen Dollar, damit sie sich etwas Süßes kaufen konnte. Nachdem die Sozialarbeiterin in ihr Büro zurückgekehrt war, schloss sie den Fall ab. Im Haushalt der Baniszewskis wären keine weiteren Besuche durch das Sozialamt erforderlich.

Die Freakshow

Gert schien ihr kleines Königreich vorerst gesichert zu haben, aber während sie sich um dessen Verteidigung kümmerte, waren ihre Kinder nicht untätig gewesen. Gert mochte im Netz ihrer eigenen Fantasien gefangen sein, die Kinder lebten jedoch in der Realität, und in dieser Welt lebte ihre Familie an der Armutsgrenze. Es dauerte nicht lange, bis die Jungs aus der Nachbarschaft auftauchten, die den ersten „Striptease“ verpasst hatten. Jungen, die unbedingt zum ersten Mal ein nacktes Mädchen sehen wollten. John verlangte von jedem fünf Cent, der in den Keller gehen und einen Blick darauf werfen wollte. Schon bald überstieg die Nachfrage das Angebot, sodass er seine Geschwister in das Unternehmen einbeziehen musste. Anstatt die Gäste in den Keller hinuntergehen zu lassen, um sie zu sehen, wurde das abgemagerte und vernarbte Mädchen die Treppe hinaufgezwungen, um sich oben zur Schau zu stellen. Sie wurde von den Jungs so viel betatscht, wie es Gert unter ihren stets wachsamen Augen durchgehen lassen würden, die immer noch über die Sündhaftigkeit des Fleisches predigte, während sie gleichzeitig regelmäßig Sex mit einem vierzehnjährigen Jungen hatte. Gert würde nicht dulden, dass Sylvia sexuell missbraucht würde, doch Gewalt war nicht nur akzeptabel, sondern wurde aktiv gefördert. Es dauerte keine Woche, bis wahrscheinlich jedes Kind in der Nachbarschaft dem Mädchen mit den leeren Augen einen Schlag verpasst hatte. Einige hatten ihre Zigaretten auf ihren Füßen ausgedrückt – eine der wenigen Grausamkeiten, die ihr noch irgendeine Art von Reaktion entlocken konnten. Sylvia hatte völlig abgeschaltet, ihre Bewegungen waren träge und ihre Stimme war in den kurzen Momenten, in denen sie die Möglichkeit hatte, sie zu benutzen, undeutlich. Das Verbrennen entlockte ihr ein leises, dumpfes Stöhnen. Doch das reichte dem Publikum nicht und die Einnahmen aus einer Abendvorstellung ihrer Sklavin fielen nicht so hoch aus, wie die Baniszewski-Kinder gehofft hatten. Also boten sie einen besonderen Service an. Für einen Vierteldollar durfte ein glücklicher Besucher Sylvia die Treppe zurück in den Keller werfen.

Der Einzige, der ohne Gert in den Keller hinunter durfte, war Coy Hubbard. Aus unerklärlichen Gründen vertraute sie dem Jungen und seiner Loyalität gegenüber Stephanie, obwohl ihre Beziehung seit dem Moment, als er zum ersten Mal Hand an Sylvia gelegt hatte, allmählich nachließ. Stephanie hatte dank ihrer Mutter kein Interesse daran, ihre körperliche Beziehung zu vertiefen, während Coy jedes Mal, wenn sie beide allein waren, sexuell aggressiver wurde. Es dauerte nicht lange, bis ihre „Beziehung“ nur noch aus einem flüchtigen Kuss bestand, bevor er für das Hauptereignis in den Keller hinunterging. Sein Judotraining mit Sylvia dauerte inzwischen länger, da sie ständig nackt war und ohne Kleidung, an der er sie packen konnte, fand er stets neue und unerwartete Handgriffe. Er kehrte stets schweißgebadet und grinsend aus dem Keller zurück und anschließend war es unendlich einfacher, Sylvia ihre „Hygienekur" zu verpassen, weil sie zu erschöpft und wund war, um sich zu wehren.

Die Tage dehnten sich zu Wochen aus. Trotz Gerts Bemühungen, sie zu brechen, begegnete Sylvia den Blicken der alten Frau immer noch mit Trotz. Einem normalen Menschen wäre es vielleicht so vorgekommen, dass man dem Mädchen nichts mehr antun konnte, dass sie ihren Tiefpunkt erreicht hatte und die Folter fehlgeschlagen war. Schlimmer noch, aus Gerts Sicht gab es keine Entschuldigung mehr, um das Mädchen zu bestrafen. Schließlich war sie nicht in der Lage, etwas falsch zu machen, wenn sie allein unten im Keller eingesperrt war. Doch ohne Sünde gab es keinen Grund, sie mit Steinen zu bewerfen. Rational gesehen muss Gertrude erkannt haben, dass die Wahrscheinlichkeit der Entdeckung umso größer war, je länger sie Sylvia im Keller festhielt. Sie hatte volles Vertrauen in ihre kleine Armee von Komplizen, aber sie wusste besser als jeder andere, dass die Welt einen nicht in Ruhe ließ, nur weil man für sich blieb. Daran wurde sie schließlich am 20. Oktober erinnert, als ein Fremder es fast bis in den Keller und dem dunklen Geheimnis schaffte, das sie dort unten verschlossen hielten.

Die Baniszewski-Kinder stahlen fast ununterbrochen, ohne dass Konsequenzen ihrer Mutter folgten, die weiterhin blind für die Fehler ihrer eigenen Kinder war. Als ein junger Mann namens Robert Hanlon vor ihrer Tür auftauchte und die Rückgabe seines Eigentums verlangte, stritt sie alles ab. Die Kinder hatten sich durch eine offene Hintertür in seinen Keller geschlichen und mehrere Gegenstände gestohlen, die inzwischen bereits die Regale eines örtlichen Pfandleihhauses schmückten. Wütend wartete Hanlon bis zum Einbruch der Dunkelheit, bevor er ins Haus einbrach, um sich sein Eigentum zurückzuholen. Er schaffte es bis in die Küche, bevor er von Ricky angegriffen wurde. Coy tauchte nur einen Augenblick später auf und gemeinsam gelang es den Jungen, Hanlon nach draußen zu zerren und auf die Straße zu werfen. Gert hatte inzwischen die Polizei angerufen, um den Eindringling zu melden, und kurz darauf war ein Streifenwagen eingetroffen. Es war bei weitem nicht das erste Mal, dass die Polizei das Haus der Baniszewskis aufsuchte – erst ein Jahr zuvor war gegen Gert selbst ein Strafbefehl erlassen worden, weil sie den Zeitungsjungen nicht bezahlt hatte. Aber es war höchstwahrscheinlich das erste Mal, dass Gert selbst die Polizei gerufen hatte, da sie es normalerweise vorzog, Streitigkeiten selbst zu lösen. Hanlon wurde in den Streifenwagen gezerrt, aber die Vermillions schritten unerwartet für ihn ein und erklärten der Polizei die Situation. Es sah so aus, als würde die Polizei das Haus nach dem Diebesgut durchsuchen. Es sah so aus, als gäbe es endlich eine Chance, dass Sylvia gerettet werden würde. Doch dann fragte Gert die Beamten beiläufig, ob einer von ihnen ihren Mann John kenne, und Hanlon wurde einfach nur auf die Wache gebracht.

Nachdem sich die Polizeiautos zerstreut hatten und wieder Ruhe im Haus eingekehrt war, ging Gert nach unten, um sich zu Sylvia in die Dunkelheit zu setzen. Sie hatte ihre matronenhafte Maske wieder aufgesetzt. „Ich habe über dich nachgedacht, Sylvie. Ich habe für dich gebetet. Ich glaube, dass der Herr will, dass ich dich rette. Ich glaube, er will, dass ich dir eine zweite Chance im Leben gebe. Die Zeit, die du hier unten verbracht hast, war eine Buße. Um dich in etwas Neues zu verwandeln. In etwas Besseres als eine Hure. Du willst mehr sein als ein Spielzeug für Männer, nicht wahr, Sylvie? Du willst dich von deinen Sünden befreien, oder?“

Sylvia hatte schon lange jede Hoffnung aufgegeben und selbst bei dem Tumult oben am frühen Abend hatte sie nicht wirklich die Möglichkeit in Betracht gezogen, dass sich etwas ändern könnte. Sie krächzte: „Ja. Ich möchte gerettet werden.“

„Dann werde ich dir helfen. Aber du darfst eins nicht vergessen: Das ist deine letzte Chance. Deine allerletzte Chance, das Richtige zu tun. Sonst landest du wieder hier unten, bevor du überhaupt die Zeit hattest, deinen schmutzigen Mund aufzumachen. Hast du das verstanden?“

Sylvia bemühte sich, die Lippen zu befeuchten. „Ja.“

Sie wurde an Händen und Füßen gefesselt und von Gerts Jungs die Treppe hinaufgetragen. Dann warfen sie sie auf eines der wenigen richtigen Betten im Haus und Gert setzte sich neben sie. „Wenn du es schaffst, die ganze Nacht durchzuhalten, ohne dich nass zu machen, darfst du wieder mit den anderen Menschen oben wohnen. Glaubst du, dass du das schaffst?“

Sylvia keuchte: „Ja, Mom.“

Doch sie konnte die Nacht nicht überstehen, ohne ins Bett zu machen. Sie hatte zwar gehofft, dass die geringe Menge Wasser, die sie am Vortag getrunken hatte, nicht ausreichen würde, um ein Chaos zu verursachen, aber der Schaden, den die Glasflasche angerichtet hatte, als sie in sie hineingedrückt worden war, hatte Sylvia für immer inkontinent gemacht. Gert kam in den frühen Morgenstunden schnüffelnd ins Zimmer und brüllte dann vor Wut, was das ganze Haus aufweckte. Dann ging sie mit einem Messer auf Sylvia los. Das

Mädchen sah sie mit hilflosem Entsetzen in den Augen an. Dieser eine Moment war alles, was Gert jemals von Sylvia gewollt hatte. Mit dem Messer durchtrennte sie die Seile um Sylvias Handgelenke und fuhr dann mit der Messerspitze an ihrem Körper entlang, bevor sie dasselbe mit den Fesseln um ihre Knöchel tat. Sie warf Sylvia ein Bündel schmutziger Kleidung zu und grinste. „Zieh dich an, Hure. Ich will nicht, dass du den ganzen Tag in Schande herumläufst."

Sie schafften es bis ins Wohnzimmer, bevor Gert vor lauter Aufregung ihre Meinung änderte. Die Jungs hatten sich zum Rauchen ins Wohnzimmer verzogen und es dauerte nicht lange, bis Coy und Ricky auftauchten, wie an den meisten Tagen. In dem Moment, in dem sie merkte, dass keine Mädchen anwesend waren, befahl Gert Sylvia, sich auszuziehen. „Komm schon, Hure. Gib den Jungs eine letzte Vorstellung, bevor du wieder in den Keller gehst."

Sylvia stieß einen kleinen Schluchzer aus, öffnete aber mit tauben Fingern die Knöpfe ihres geliehenen Kleides, bevor sie es fast ohne Scham auf den Boden fallen ließ. Sie trug nichts darunter, weil Gert ihr nichts gegeben hatte. Wenn die alte Frau erwartet hatte, dass der Anblick des nackten Mädchens die Jungen erregen würde, hatte sie sich gewaltig getäuscht. Jede Andeutung von Sinnlichkeit war Sylvia schon lange ausgetrieben worden. Sie war nur noch Haut und Knochen und ihr Blick auf einen fernen Horizont gerichtet, den außer ihr niemand sehen konnte. Gert wurde wütend auf sie. Selbst jetzt widersetzte sie sich ihr. Die Hure wusste, wie man eine Show für Männer abzog, und sie versuchte es nicht einmal. Sie fühlte sich so überlegen. Sie dachte, sie wäre etwas Besseres als Gert. Doch sie war nichts Besseres! Gert schnappte sich eine Colaflasche und drückte sie Sylvia in die Hand. „Du weißt, was zu tun ist, Hure. Du hast es schon oft genug getan." Sylvias Hand zitterte nicht einmal, als sie die Flasche in sich hineinschob. Selbst als sie die Zähne zusammenbeißen musste, um den Schmerz zu überwinden, hörte sie nicht auf, bis die Flasche drin war. Sie begegnete Gerts Blick. Unerbittlich. Dann zog sie sie wieder heraus und gab sie der Frau zurück. Die Hure hatte genau das getan, was Gert wollte, aber das machte sie nur noch wütender. Sie fauchte: „Zieh dich an. Du bist ekelhaft."

Sylvia versuchte gar nicht erst, sich auf einen der Stühle zu setzen, sondern zog sich in eine der Ecken des Raumes zurück, aus den Augen und hoffentlich auch aus dem Sinn. Gert ließ sich auf einen Stuhl in der Mitte des Raumes fallen und wartete darauf, dass der Rest der Familie eintrat. Ihre Pläne zerfielen schneller, als sie sie machen konnte. Sie hatte Sylvia nach oben geholt, damit sie sie für ihr Fehlverhalten bestrafen konnte, aber stattdessen hatte sich das dumme Mädchen in die Hose gemacht, und jetzt musste sie wieder in den Keller gehen. Dann sollte sie gedemütigt werden, eine Show für die Jungs abziehen, und irgendwie hatte sie das auch gegen Gert gerichtet. Sie schäumte vor Wut und starrte das Mädchen an, das einfach nur wegschaute. Es war, als ob sie gar nicht da wäre. Gert sprang auf und zeigte mit einem Finger auf sie. „Ich habe nicht vergessen, was du getan hast. Du hast meine Töchter als Huren gebrandmarkt! Jetzt werde ich ... Jetzt werde ich dich brandmarken!"

Sie befahl den Jungs, Sylvia wieder auszuziehen, drehte einen Ärmel ihres Kleides zu einem Knebel und schob ihn ihr in den Mund. Die Kinder wurden mit einer Aufgabe betraut. Sie hielten eine von Gerts Nähnadeln über ein brennendes

Streichholz, bis das Metall orangefarben glühte, dann riss die alte Frau sie ihnen aus der Hand und ging mit der gleichen Hitze in den Augen auf Sylvia zu. Die Jungen drückten Sylvia nieder und Gert setzte sich auf ihre Hüften. Jede einzelne Rippe war zu sehen und ihre Haut war nach einem Monat in der Dunkelheit so blass, dass sie fast durchsichtig war. Als ob sie unversehrt verschwinden würde. Gert knurrte und drückte die Nadel in diese perfekte Haut. Sie zog eine rauchende Schmerzensspur über den Bauch des Mädchens, das um sich schlug und schrie. Endlich war sie wieder zurück. Endlich war sie wieder hier bei Gert.

Gert griff nach der nächsten Nadel. Alle jüngeren Kinder hatten die Aufgabe, sie zu erhitzen, wobei sie eine Streichholzschachtel nach der anderen verbrauchten. Gert kam bis zu „ICH“, bevor sie müde wurde und die stechende Hitze der Nadel sie zu stören begann. Sie reichte Ricky Hobbs die nächste Nadel, der die Strafe genüsslich übernahm. Langsam ergaben die Worte einen Sinn. ICH BIN. Ricky hielt inne. „Wie schreibt man ‚Prostituierte‘?“

Gert kritzelte es für ihn auf ein Blatt Papier.

Sylvia hörte während des ganzen Vorgangs nicht auf zu schreien und der Gestank ihres brennenden Fleisches überwältigte sogar das übliche Miasma des Schmutzes, das das Haus durchdrang. Am Ende standen die Worte „ICH BIN EINE PROSTITUIERTE UND STOLZ DARAUF“ auf ihrem Bauch. In einem Arbeitsgang hineingeritzt und gebrannt. Gert leckte sich die Lippen und starrte vergnügt auf das Mädchen hinunter, das sie ruiniert hatte. „Ich bin eine Prostituierte und stolz darauf. Das bist du wirklich, nicht wahr, du Hure?“

Mit einem verächtlichen Blick verließ Gert das Zimmer, um sich eine weitere Schachtel Zigaretten und ein neues Streichholzheftchen zu holen.
Ricky hielt die Nadel immer noch fest und reichte sie, ohne etwas zu sagen, an die zehnjährige Shirley Baniszewski zurück, um sie wieder zu erhitzen. Dann zischte er: „Sklaven brauchen ein Brandzeichen, damit jeder weiß, dass sie jemandem gehören."
Voller Freude ritzte er die untere Hälfte des Buchstabens S in die Mitte von Sylvias Brust, doch auf halber Strecke hielt er inne und sah mit wachsendem Entsetzen auf das, was er da tat. „Jenny. Brandmarke deine Schwester."
Jenny schüttelte den Kopf.
Er knurrte: „Jenny. Tu es oder so wahr mir Gott helfe ..."
Sie quietschte: „Nein. Ich mach das nicht."
Er warf einen verzweifelten Blick in die Runde und reichte dann Shirley die Nadel. „Du bringst es zu Ende. Mir ... mir ist die Lust vergangen."
Shirley übernahm die grausame Arbeit mit der soziopathischen Freude eines Kindes, aber als sie mit der Nadel über Sylvias Brustbein strich, erschien nicht der Buchstabe S, sondern die Zahl 3. Paula lachte über die Dummheit ihrer kleinen Schwester. „Das kann man doch nicht einfach wegwischen und ändern!"
Gert kam zurück ins Zimmer und schnaubte vergnügt vor sich hin. Sie sah sich die 3 auf Sylvias Brust an und beschloss, sie zu ignorieren. Mit einem Gackern zog sie den Ärmel aus Sylvias Mund. „Was wirst du jetzt tun, Sylvie? Du kannst jetzt nicht mehr heiraten. Du kannst dich vor niemandem mehr ausziehen. Kein Mann wird dich mehr wollen. Niemand wird dich jemals wieder haben wollen. Was wirst du jetzt tun?"

Sylvia holte scharf Luft, aber sie antwortete mit ihrer üblichen Stimme. Die ganze Angst war wie weggebrannt. „Da kann ich wohl nichts mehr machen. Es steht ja da.“
Selbst jetzt gewann sie, was Gert nicht ertragen konnte.

Ich werde sterben

Coy brachte Sylvia in den Keller und warf sie eine Weile halbherzig herum. Ohne ihre Angst hatte das Ganze seinen Reiz verloren, also schlich er sich aus dem Haus. Doch schon bald begann die übliche Teenager-Party im Wohnzimmer. Sylvia lag in der Dunkelheit, eine kalte Gewissheit durchströmte ihre Adern. Eine schreckliche, unausweichliche Wahrheit, die sie ihrer Schwester zuflüsterte, als sie mitten in der Nacht die Treppe hinunterschlich. Sie flüsterte: „Ich werde sterben. Ich kann es spüren."

Jenny versuchte, sie zu beruhigen, aber ihre Plattitüden waren nur von kurzer Dauer. Als Gert gegen ein Uhr nachts ihre Runde machte, musste sie wieder in ihr Bett krabbeln.

Gert starrte Sylvia lange Zeit nur an, bevor sie schließlich sagte: „Geh nach oben in dein Bett."

Als Sylvia sich mühsam aufrappelte, griff ihr die Frau unter die Achselhöhlen und hob sie hoch, stützte sie, als sie die Treppe hinaufstieg, und ließ sie dann auf eine saubere Matratze hinunter. Sie tätschelte dem Mädchen den Kopf und ließ es dann in Albträume gleiten, die kaum schlimmer waren als ihre Realität.

Sie verschlief den ganzen Vormittag und wurde erst gegen Mittag von Gert und Paula geweckt, um sie zu baden. Sie wappnete sich für die nächste Tortur, doch das Bad war angenehm warm und voller Seifenblasen. Das Wasser brannte in ihren Verletzungen, sowohl in dem Brandmal als auch in den offenen Wunden, die sich an vielen Stellen ihres Körpers gebildet hatten, aber es war nicht so schlimm, wie es hätte sein können, und so war sie ihren Peinigern auf seltsame Weise dankbar. Danach halfen sie ihr beim Anziehen und brachten sie in die Küche, wo sie sich mit einem Stift und Papier an den Tisch setzten.

Es war so lange her, dass sie inmitten von Gerts frühen Qualen die Schule abgebrochen hatte, dass sie sich kaum noch daran erinnerte, wie man den Stift hielt. Er fühlte sich fremd in ihrer Hand an. Doch als die alte Frau lächelte und begann, einen Brief zu diktieren, gehorchte Sylvia, fast ohne nachzudenken.

„Sehr geehrter Mr Likens, sehr geehrte Mrs Likens,

ich bin mitten in der Nacht mit einer Gruppe von Jungs losgezogen. Sie sagten, sie würden mich bezahlen, wenn ich ihnen etwas geben würde, also stieg ich ins Auto und sie bekamen alle, was sie wollten ... Und als sie fertig waren, schlugen sie mich zusammen und hinterließen Wunden in meinem Gesicht und auf meinem ganzen Körper. Und sie haben mir auch auf den Bauch geschrieben, ich sei eine Prostituierte und stolz darauf.

Ich habe so ziemlich alles getan, was ich konnte, nur um Gertie wütend zu machen und um Gertie mehr Geld zu kosten, als sie hat. Ich habe eine neue Matratze zerrissen und auf sie gepinkelt. Außerdem habe ich Gertie Arztkosten verursacht, die sie nicht bezahlen kann. Und ich habe Gertie und alle ihre Kinder zu nervlichen Wracks gemacht.“

Gerade, als Sylvia den Brief – diese offensichtliche Unwahrheit – unterschreiben wollte, riss Gert ihn weg. „Nein. Du musst keine Briefe an deine eigene Familie unterschreiben. Sie werden deine Schrift erkennen."

Dann wandte sie sich ab und Sylvia war wieder vergessen. Mehrere Minuten lang saß sie wie betäubt da und genoss einfach das Gefühl der Wärme, nachdem sie so lange in der Kälte und Dunkelheit gewesen war. Sie war von dem, was um sie herum geschah, so losgelöst, dass sie nicht einmal merkte, dass über sie gesprochen wurde, bis es fast vorbei war. Gert hatte einen kompletten Plan ausgearbeitet. Mit diesem Brief, der bewies, dass Sylvia fortgelaufen war, mussten sie sie nur noch irgendwo abladen. Schließlich konnte man schon auf den ersten Blick erkennen, dass kaum noch Leben in ihr steckte. Gert erklärte Paula ihre Absichten. John Junior und Jenny sollten Sylvia zur örtlichen Mülldeponie tragen und dort zurücklassen. Die Kälte würde sie über Nacht töten. Sobald sie aus dem Haus wäre, würde Gert die Polizei anrufen und ihr den Brief übergeben, in dem stand, dass Sylvia mit ein paar Jungs weggegangen war. Es ist unklar, ob es an Gerts geistigem Zusammenbruch oder an ihrer Dummheit lag, dass sie den Fehler in ihrem Zeitplan nicht bemerkte, aber vermutlich hätte die Polizei es aufgrund der erneuten Präsenz von John Baniszewski Senior in ihrem Leben trotzdem akzeptiert.

Wie dem auch sei, Sylvia hatte genug gehört. Sie sprang auf und rannte in Richtung Haustür, so schnell ihre müden und erschöpften Beine sie tragen konnten. Sie schaffte es bis in den Flur, bevor Gert sie am Arm packte, in die Küche zurückzog und wieder auf den Stuhl drückte. „Wie wäre es mit einem Abendessen, Sylvie?"

Sie machte einen Toast und legte ihn schwungvoll vor ihr auf den Tisch. Selbst das geschwärzte, halb gare Brot war besser als das, was sie im letzten Monat erlebt hatte, und so verschlang Sylvia es gierig. Oder zumindest versuchte sie es. Ihre Kehle war von den wiederholten Erstickungsanfällen und der weitverbreiteten Infektion in ihrem Körper so geschwollen, dass sie das Brot nicht hinunterschlucken konnte. Sie schluchzte trocken. „Ich kann es nicht hinunter schlucken."

Gerts Lippen wurden schmaler. „Lass mich dir dabei helfen, Sylvie."

Sie ging zum Fenster und Sylvia nahm an, dass sie ein Glas Wasser holte, bis sie das Reißen des Stoffes hörte.

Gert stürmte mit der schmutzigen Gardinenstange in der Hand auf sie zu, packte Sylvia an den Haaren und versuchte, das Ende in Sylvias Mund zu rammen, indem sie es ihn mit einem lauten Gackern gegen die rissigen Lippen des Mädchens stieß. Als Sylvia den Mund gegen das Eindringen schloss, schlug Gert stattdessen die Stange gegen ihre Zähne, die Augen wild vor dunkler Lust. „Nimm es! Nimm es, du Hure!"

Sylvia stürzte auf den Boden und Gert spuckte auf sie. Als John Junior hereinkam, um zu sehen, was es mit dem ganzen Lärm auf sich hatte, schnauzte sie ihn an: „Bring die Hure zurück in ihren Zwinger."

Eine Stunde später hatte Gert ihre Fassung zurückgewonnen. Sie brachte einen Teller mit Crackern nach unten und versuchte, Sylvia damit zu füttern, aber das Mädchen drehte den blutigen Mund einfach weg. „Gib es einem Hund. Sie sind hungriger als ich."

Gert sah wieder rot. Sie schlug die Faust in Sylvias Bauch, immer wieder, bis der Schorf auf ihrem Bauch aufplatzte. Gert stürmte aus dem Keller, knipste mit einem Knurren das Licht aus und überließ Sylvia eine letzte Nacht in völliger Dunkelheit.

Am nächsten Tag gingen Gert und Coy gemeinsam in den Keller. Sylvia lag immer noch an der Stelle auf dem Boden, an der sie zurückgelassen worden war. Gert hatte einen Stuhl aus der Küche mitgebracht, den sie nun hochhob und in Richtung des Mädchens schwang. Sie schätzte jedoch die Entfernung falsch ein, geriet aus dem Gleichgewicht und schlug ihn gegen die Wand. Dann schnappte sie sich ein Paddel und versuchte, Sylvia auf den Kopf zu schlagen, aber ihr Schwung war so wild, dass sie sich selbst im Gesicht traf und ihr schwarz vor Augen wurde. Fasziniert von dieser Dummheit, sah Coy ihr zu, bevor er sie zur Seite schob und die Gardinenstange in die Hand nahm. Er schlug Sylvia mit dem Stock am ganzen Körper, wobei das rhythmische Auf und Ab nur durch das feuchte Geräusch des Aufschlags unterbrochen wurde. Als sie sicher waren, dass sie bewusstlos war, ließen sie von ihr ab und verschwanden wieder.

Sylvia wachte mitten in der Nacht vor Schmerzen auf. Sie versuchte, um Hilfe zu schreien, aber ihre Kehle war zu stark geschädigt, um einen Laut von sich zu geben. Sie schaffte es, sich zur Wand zu schleppen, wo sie einen alten Spaten fand, den sie stundenlang gegen die Wand und den Boden schlug. Sie versuchte verzweifelt, auf ihre Notlage aufmerksam zu machen. Sie setzte ihre ganze Kraft ein und hämmerte die ganze Nacht hindurch. Durch den Lärm wurden zwar mehrere Nachbarn geweckt, aber keiner von ihnen dachte daran, die

Polizei zu rufen. Sie alle waren inzwischen an seltsame Geräusche aus dem Haus der Baniszewskis gewöhnt.
Am nächsten Morgen schickte Gert Stephanie und Ricky in den Keller, um Sylvia für ein weiteres Bad zu holen, bevor sie sie entsorgen würden. Sie trugen sie ohne das geringste Anzeichen eines Kampfes ins Badezimmer und warfen sie, vollständig bekleidet, ins Wasser. Als ihr Gesicht unter das Wasser glitt und keine Blasen auftauchten, merkte Stephanie, dass etwas nicht stimmte. Sie zogen sie aus dem Wasser und Stephanie versuchte, sie wiederzubeleben, aber es war sinnlos. Der Körper war bereits kalt.

Holt mich hier raus

Jenny saß mit ihrer toten Schwester im Badezimmer, starrte sie an und fragte sich, wie lange es wohl noch dauern würde, bis sie im Keller landen würde, nachdem dieser nun frei geworden worden war. Im Haus der Baniszewskis herrschte Panik, aber Gert war in ihrem Wahn so gefestigt wie immer. Ihr Plan würde nach wie vor funktionieren. Es mussten nur ein paar winzige Details geändert werden. Sie schickte die Jungs los, Sylvia auszuziehen und bis zum Einbruch der Dunkelheit in den Keller zu bringen, bevor sie sie zur Müllhalde bringen sollten. Gert selbst ging auf die andere Straßenseite, um von einer öffentlichen Telefonzelle aus die Polizei zu rufen.

Als die beiden Beamten eintrafen, war die Spannung unverkennbar, aber Gert machte weiter, als ob alles in Ordnung wäre. Sie überreichte ihnen den Zettel, den sie Sylvia zu schreiben gezwungen hatte, und erzählte ihnen, welche Last die junge Ausreißerin und wie unvermeidlich es gewesen wäre, dass jemand, der sich prostituiere, ein grausames Ende nähme. Die Beamten lasen den Brief, schienen aber eher verwirrt als beunruhigt. Und da es sich schließlich um die

Frau eines Kollegen handelte, wollten sie nicht mit wilden Anschuldigungen um sich werfen. Sie nahmen Gerts Aussage auf und wollten gerade zur Tür hinausgehen, als einer von ihnen Jenny flüstern hörte. „Wenn Sie mich hier rausholen, erzähle ich Ihnen alles."

Das reichte aus, um ihn innehalten zu lassen. Er warf einen Blick auf seinen Partner, der anscheinend nichts gehört hatte. „Ich werde jeden hier im Haus befragen müssen. Das ist das übliche Verfahren in einem Vermisstenfall." Die Spannung im Raum stieg plötzlich. Er nickte Jenny zu. „Sie zuerst, Miss."

Die ersten Worte, die aus ihrem Mund kamen, als sie mit ihm allein war, waren: „Sehen Sie in den Keller. Sie haben sie getötet."

Er ließ Jenny in diesem seltsamen Schlafzimmer ohne Tür zurück und ging zu seinem Partner, um sicherzustellen, dass niemand das Haus verließ. Dann ging er die Treppe hinunter in die Hölle.

Alle Hausbewohner wurden verhaftet. Gert, Paula, Stephanie, John Junior, Coy und Ricky wurden wegen Mord verhaftet, alle anderen wegen Tätlichkeit und Körperverletzung. Die Beamten eilten durch die Stadt und vernahmen sämtliche, an dem schrecklichen Verbrechen beteiligten Personen und abgesehen von Coy, Ricky und den Baniszewskis erzählte jeder sofort alles, was er wusste. Von den Kindern aus der Nachbarschaft bis hin zum Reverend der Gemeinde. Alles kam ans Licht. Und alles landete in den Gerichtsunterlagen.

Sylvias Leiche wurde obduziert, um festzustellen, welche Geschichte durch die Beweise bestätigt wurde. Gerts Märchen von der schwangeren Teenager-Prostituierten und den umherziehenden, folterhungrigen Jungen oder Jennys noch verstörendere Geschichte von matriarchalischen Qualen? Auf

Sylvias Körper wurden über hundert Zigarettenverbrennungen gefunden. Sie hatte Verbrennungen zweiten und dritten Grades erlitten. Sie hatte schwere Prellungen, Muskel- und Nervenschäden erlitten. Die Todesursache schienen multiple Hirnblutungen zu sein, aber vielleicht war der kombinierte Schock all ihrer Verletzungen einfach zu viel für ihren geschwächten Körper gewesen, um ihn zu ertragen. In ihrem Todeskampf hatte Sylvia sich selbst die Lippen durchgebissen, sodass sie nur noch durch Fäden des Bindegewebes verbunden waren. Ihr Hals und ihre Vagina waren zugeschwollen, obwohl eine Untersuchung des Scheidenkanals ergab, dass ihr Hymen intakt war. Zusammen mit dem Fehlen jeglichen rektalen Narbengewebes bewies dies allen Beteiligten, dass Gerts Geschichten frei erfunden waren.

Der Prozess gegen Gertrude Baniszewski

Aufgrund der vorgelegten Beweise wurden alle weniger schwerwiegenden Anklagen fallengelassen, nur die Mordanklage gegen Gert, ihre Töchter, John Junior, Coy und Ricky wurde aufrechterhalten. Als der Fall vor Gericht kam, kam das ganze Ausmaß ihres gestörten Lebens ans Licht. Die Anklage gegen Stephanie wurde fallengelassen, nachdem sie als Kronzeugin gegen ihre Familie ausgesagt hatte. Sie lieferte uns den Großteil der Geschichte, die wir heute über die bizarren Ereignisse im Haus der Baniszewskis wissen, während sie ihre eigene Schuld immer wieder herunterspielte. Jeder Angeklagte hatte seinen eigenen Anwalt, abgesehen von John und Coy, die beide minderjährig waren und versuchten, ihr Alter als Verteidigungsstrategie einzusetzen. Es war bereits sehr früh klar geworden, dass alle Beteiligten in irgendeiner Weise schuldig waren, und nur der Grad der Schuldzuweisung würde darüber entscheiden, wer von ihnen sterben und wer der Giftspritze entkommen würde.

Paula wurde bei ihrem ersten Auftritt vor Gericht aus dem Saal geleitet, um ihre Tochter zu gebären, die sie nach ihrer Mutter Gertrude nannte, und von da an wurde das ganze Theater nur noch lächerlicher. Während die Kinder Johns und Coys Taktik schon früh durchschauten und behaupteten, sie seien von Gert zum Mitmachen gezwungen worden, schien die Frau selbst eine ganz andere Verteidigungslinie zu verfolgen als ihr Anwalt. Ihr Anwalt argumentierte, dass Gert alt, gebrechlich und geistig behindert sei und dass die Kinder in Ermangelung einer kompetenten Aufsicht in einer Art „Herr der Fliegen"-Szenario getan hätten, was sie wollten.
Wenn überhaupt, wurde dieses Argument durch Gerts eigenes lächerliches Verhalten während des gesamten Prozesses unterstützt, aber ab einem bestimmten Punkt brachte sie sich schließlich durch ihre eigene Aussage zu Fall. Sie verkündete vor dem Richter lautstark, dass Sylvia Likens die Nachbarschaftshure gewesen sei. Dann erfand sie langatmige Geschichten über die Verabredungen des Mädchens mit verheirateten Männern, bestand vehement auf seine Schwangerschaft und erfreute das Gericht mit Geschichten über all die Male, die sie in ihrem Haushalt Streit ausgelöst hatte – wie ein Kuckuckskind, das sich ins Nest geschlichen hatte, um alle anderen Küken zu töten. Sie hatte keine Beweise, um ihre Behauptungen zu untermauern, und in der Tat widersprach ein Großteil der gesammelten Beweise ihren Aussagen, aber sie hatte eine Zeugin, die bereit war, jede einzelne ihrer Geschichten zu bestätigen: ihre elfjährige Tochter Marie. Während ihrer eigenen Aussage wiederholte Marie alles, was Gert gesagt hatte, größtenteils wortwörtlich, aber im Kreuzverhör brach sie schnell zusammen und schrie „Gott steh mir bei!", bevor sie zugab, dass alles, was sie und

ihre Mutter bis zu diesem Zeitpunkt gesagt hatten, eine Lüge gewesen war. Ihre Aussage, in der sie schonungslos schilderte, wie ihre Mutter und ihre Geschwister Sylvia Likens gequält und schließlich ermordet hatten, galt als Wendepunkt in dem Fall. Gert wurde des vorsätzlichen Mordes für schuldig befunden. Zum Entsetzen der Öffentlichkeit wurde sie jedoch statt zum Tode zu einer lebenslangen Freiheitsstrafe ohne die Möglichkeit der Bewährung verurteilt.

Paula wurde wegen Mord zweiten Grades verurteilt. Sie legte Berufung ein und erhielt einen zweiten Prozess, aber bevor es zur Verhandlung kam, ging sie einen Deal ein und plädierte auf fahrlässige Tötung. Sie verbüßte eine dreijährige Haftstrafe, bevor sie auf Bewährung entlassen wurde. Danach lebte sie in Iowa ein Leben im Verborgenen, zumindest bis 2012, als sie auf Facebook entlarvt wurde und ihren Job als Schulbegleiterin verlor, in dem sie sich jahrelang um die Kinder anderer Leute gekümmert hatte, die von all dem keine Ahnung gehabt hatten.

John, Coy und Ricky wurden wegen fahrlässiger Tötung zu einer achtzehnmonatigen Haftstrafe in einer Jugendstrafanstalt verurteilt.

John saß seine Strafe ab, räumte in den Befragungen seine Schuld ein und schien das einzige Familienmitglied zu sein, das echte Reue empfand. Er führte ein halbwegs anständiges Leben und engagierte sich stark in der Kirche, bis er 2005 an den Folgen seiner Diabeteserkrankung starb.

Coy zeigte keinerlei Reue für seine Verbrechen und nach den vorliegenden Beweisen ist dies wahrscheinlich darauf zurückzuführen, dass er sowohl ein Sadist als auch ein Psychopath war und nur auf eine günstige Gelegenheit gewartet hatte. Er blieb auch nach seiner Zeit im Gefängnis kriminell und wurde später wegen eines weiteren Doppelmordes angeklagt, nachdem ein Einbruch schiefgegangen war. Er versuchte zwar, sich aus dem Rampenlicht herauszuhalten, aber die Aufmerksamkeit für den Fall Likens hatte dazu geführt, dass er immer wieder erkannt wurde und im Laufe der Jahre mehrere Arbeitsplätze verlor.

Ricky kam als ein anderer Mann aus der Jugendstrafanstalt. Er wusste um seine eigene Schuld an Sylvias Tod und erlitt kurz nach seiner Entlassung einen Nervenzusammenbruch. Während der Haft hatte er stark an Gewicht verloren und erst als er nach seinem Zusammenbruch wieder zu Kräften kam, wurde bei ihm Lungenkrebs im Spätstadium diagnostiziert. Er starb bald darauf, von Tumoren und Reue geplagt.

Gertrude Baniszewski legte gegen ihre Verurteilung Berufung ein und begründete dies mit der extrem vorurteilsbehafteten Atmosphäre in Indianapolis. Die Tatsache, dass der Richter nicht bereit war, den Fall zu verlegen, wurde als ausreichender Beweis für einen fehlerhaft geführten Prozess angesehen, sodass ihrem Antrag auf Wiederaufnahme des Verfahrens stattgegeben wurde. Ohne die belastende Zeugenaussage ihrer kleinen Tochter waren die Geschworenen diesmal nachsichtiger mit ihr und verurteilten sie lediglich zu einer achtzehnjährigen Haftstrafe. Während ihrer Zeit im Gefängnis entwickelte sie sich zu einer vorbildlichen Gefangenen, wurde zur Mutterfigur für viele der anderen Insassen und arbeitete in der Näherei. Als sie 1985 auf Bewährung entlassen wurde, nannten sie sowohl die Insassen als auch die Wärter „Mom“.

Jenny Likens wurde von der Familie des Staatsanwalts während der ersten Verhandlung, Leroy New, adoptiert, der

selbst mehrere Töchter hatte. Sie war sehr beliebt und tat ihr Bestes, um zu vergessen, was ihrer Schwester zugestoßen war, aber als sie die Nachricht von Gerts Bewährungsanhörung erhielt, sah sie sich gezwungen, etwas zu unternehmen. Zusammen mit vielen Verfechtern der Rechte von Opfern trat sie im Fernsehen auf und verurteilte Indianapolis dafür, dass es die Freilassung des reuelosen Monsters überhaupt in Erwägung zog. Selbst während ihrer Bewährungsanhörung wollte Gert noch immer kein Fehlverhalten zugeben, und nachdem eine Petition mit vierzigtausend Unterschriften dem Bewährungsausschuss übergeben wurde, meinte sie: „Ich bin mir nicht sicher, welche Rolle ich dabei gespielt habe, denn ich stand in dieser Zeit unter Medikamenteneinfluss. Ich habe sie tatsächlich kaum gekannt. Ich übernehme die volle Verantwortung für das, was mit Sylvia geschehen ist. Ich wünschte, ich könnte es rückgängig machen, aber ich kann es nicht und es tut mir leid. Ich bitte nur um Gnade und sonst nichts."
Nach der Bewährung änderte Gert ihren Namen in Nadine Van Fossan und zog zu ihrer Tochter Paula. Sie zog sich sehr zurück, und das aus gutem Grund. Es gab eine wütende Welt da draußen, die sich gerne an ihr für den Tod von Sylvia gerächt hätte. Sie überlebte nur fünf Jahre außerhalb der Gefangenschaft, bevor sie 1990 einem Lungenkrebsleiden erlag.

Es ist gut möglich, dass wir nie die Wahrheit darüber erfahren werden, was mit Sylvia Likens geschehen ist. Ihre Geschichte ist inzwischen in Büchern und Filmen erzählt worden, aber alle Informationen beruhen auf den Aussagen der verschiedenen Mitglieder der Familie Baniszewski, die sich ausschließlich auf deren Lügen zur Selbstverteidigung stützen. Es gibt viele Theorien darüber, was Gert dazu getrieben hat, eine junge Frau in der Blüte ihres Lebens zu Tode zu quälen, und in der Tat deuten viele ihrer freudschen Ausrutscher während ihrer Schimpftiraden darauf hin, dass sie sich selbst in Sylvia gesehen hat. Eine Version von sich selbst, die nicht so tief in Ungnade gefallen war. Eine, die vielleicht mit genügend Disziplin auf dem rechten Weg gehalten werden könnte. Entweder das, oder Sylvia diente einfach als Sandsack für eine Frau, die so voller Selbsthass war, dass dieser überschwappte und nicht nur ihre eigene Familie, sondern auch ein unschuldiges Mädchen zerstörte.

Es ist offensichtlich, dass Gert unter einer Art geistiger Beeinträchtigung litt, die ihre Handlungen beeinflusste, und es ist durchaus plausibel, dass Drogen oder Geisteskrankheit ihr Urteilsvermögen trübten, aber Sylvia Likens' Tod war kein Verbrechen aus Leidenschaft. Es geschah nicht in einem Moment des Wahnsinns. Die langsam fortschreitende Folter, die zum Tod des Mädchens führte, zog sich über Monate hin. Selbst wenn wir annehmen, dass Gert sich des Übels ihres Handelns nicht bewusst war, erklärt das nicht, warum auch der Rest des riesigen Sicherheitsnetzes der Gesellschaft das Mädchen völlig im Stich gelassen hat.

Die gesamte Nachbarschaft wusste um die Situation im Haus der Baniszewskis, wenn auch nicht in vollem Umfang, so doch in Teilen. Doch niemand meldete sich bei der Polizei, wenn er ein Mädchen sah, das die Hälfte seines Körpergewichts verloren hatte und mit offenen Wunden oder blauen Augen durch die Straßen lief. Nicht ein einziger Mensch, der Sylvia Likens' Weg kreuzte, hielt inne und unternahm auch nur den geringsten Versuch, ihr vorzeitiges Ableben zu verhindern.

Schuldzuweisungen im Zusammenhang mit Sylvia Likens‘ Tod helfen nichts, aber man kann davon ausgehen, dass zumindest ein Teil davon der Matriarchin des Baniszewski-Clans angelastet werden muss, deren Wahnvorstellungen offensichtlich so mächtig waren, dass sie ein Dutzend Teenager mitreißen und ein unglückliches Mädchen in das Opfer eines Verbrechens verwandeln konnten, das als das schlimmste Verbrechen gegen eine Person in der gesamten Menschheitsgeschichte bezeichnet wurde.

Wollen Sie mehr?

Hat Ihnen *Folter Mom* gefallen und haben Sie Lust auf mehr True Crime?

IHR KOSTENLOSES BUCH WARTET

HOLEN SIE SICH EIN KOSTENLOSES EBOOK ÜBER EINE DER BERÜCHTIGTSTEN SERIENMÖRDERINNEN AMERIKAS, DOROTHEA PUENTE, VON BESTSELLERAUTOR RYAN GREEN.

FANGEN SIE JETZT AN ZU LESEN!

amazon nook iBooks kobo

WWW.RYANGREENBOOKS.COM/GRATISBUCH

Unterstützen Sie Ryan Green

Wenn Ihnen das Buch gefallen hat und Sie einen Moment Zeit haben, würde ich mich sehr über eine kurze Rezension auf Amazon freuen. Ich weiß Ihre Hilfe bei der Verbreitung des Buches sehr zu schätzen, und Rezensionen tragen wesentlich dazu bei, dass neue Leser mich finden (ohne Rezensenten hätten wir Selfpublisher es sehr schwer!)

DE geni.us/fmde

US geni.us/fmde

Über Ryan Green

Ryan Green ist ein True-Crime-Autor Ende dreißig. Er lebt mit seiner Frau, drei Kindern und zwei Hunden in Herefordshire, England. Neben dem Schreiben und der Zeit, die er mit seiner Familie verbringt, wandert, liest und surft er.

Seit jeher faszinieren in Geschichte, Psychologie und wahre Verbrechen und so begann er 2015 schließlich, selbst zu recherchieren und zu schreiben, um am Ende dieses Jahres sein erstes Buch über den berüchtigtsten Serienmörder Großbritanniens zu veröffentlichen, Harold Shipman.

Seitdem hat er mehrere Bücher über weniger bekannte Fälle geschrieben und dabei den einzigartigen Ansatz gewählt, aus der Perspektive des Mörders zu schreiben. Er erzählt einige der schaurigsten Geschichten, die man im True-Crime-Genre finden kann.

„Ryan Green ist ein unglaublicher Geschichtenerzähler ... er erzählt nicht nur die Geschichte, er lässt den Leser einen Teil von ihr sein.“ - Blackbird

Mehr Bücher von Ryan Green

1894 wurde Leonarda Cianciulli in eine von Missbrauch geprägte Familie hineingeboren. Als junges Mädchen unternahm sie zwei Selbstmordversuche, um sich von dem Elend zu befrei-en. Nach Jahren des Missbrauchs suchte Leonarda nach Stabilität und heiratete Raffaele Pansardi. Ihre Mutter war mit dieser Heirat nicht einverstanden und machte ihrem Ärger im wahrsten Sinne des Wortes Luft und verfluchte die Ehe.

Infolge dieses Fluchs litt Leonarda unter hysterischen Krampfanfällen, wurde wegen Betrug inhaftiert, verlor ihr Haus durch ein Erdbeben, hatte drei Fehlgeburten und verlor zehn ihrer Kinder in den ersten Lebensjahren durch verschiedene Krankheiten

Der Fluch ist ein erschütternder Bericht über einen der brutalsten und bizarrsten Kriminalfälle der Geschichte. Ryan Greens fesselnde Erzählung zieht den Leser in das wahre Grauen, das die Opfer erlebt haben, hinein und verfügt über alle Elemente eines klassischen Thrillers.

Mehr Bücher von Ryan Green

Anstatt ihn wegen Kindesmissbrauch zu verurteilen, wurde Fritz Haarmann als psychisch unzurechnungsfähig eingestuft und in eine psychiatrische Anstalt eingewiesen, bis er durch eine neue Diagnose als ‚moralisch unterbemittelt' eingestuft und freigelassen wurde. Seine Kenntnisse über die kriminelle Unterwelt überzeugten die Polizei, über seine ‚Aktivitäten' hinwegzusehen und ihm als Informant zu vertrauen.

Schlächter, Beißer, Spion ist eine erschütternde Nacherzählung einer der brutalsten Mordserie der deutschen Geschichte. Ryan Greens fesselnde Erzählung zieht den Leser in das reale Grauen hinein, das die Opfer erlebt haben, und verfügt über alle Elemente eines klassischen Thrillers.

Mehr Bücher von Ryan Green

Am 29. Februar 2000 erwirkte John Price eine einstweilige Verfügung gegen seine Freundin, Katherine Knight. Später an diesem Tag erzählte er seinen Kollegen, dass sie auf ihn eingestochen habe. Falls er jemals spurlos verschwinden sollte, habe Knight ihn getötet.

Als er am nächsten Tag nicht zur Arbeit erschien, wurde ein Kollege losgeschickt, um nach ihm zu sehen. Als er einen blutigen Handabdruck neben der Haustür entdeckte, verständigte er sofort die Polizei. Auf den schrecklichen Anblick, den sie vorfinden sollten, waren die Beamten nicht vorbereitet.

Mehr Bücher von Ryan Green

1902, im Alter von 11 Jahren, brach Carl Panzram in das Haus eines Nachbarn ein und stahl einige Äpfel, einen Kuchen und einen Revolver. Da er häufig Unruhe stiftete, beschloss das Gericht, an ihm ein Exempel zu statuieren und ihn in die Obhut der Minnesota State Reform School zu geben. Während seiner zweijährigen Haftzeit wurde Carl vom Schulpersonal wiederholt geschlagen, gedemütigt und vergewaltigt.

Mit 15 Jahren meldete sich Carl zur Armee, wobei er falsche Angaben bezüglich seines Alters machte, doch seine Karriere war nur von kurzer Dauer. Er wurde unehrenhaft entlassen, weil er Armeevorräte gestohlen hatte, und kam in das Militärgefängnis Fort Leavenworth, um die Höchststrafe für seine Verbrechen zu verbüßen.

Als Carl 1910 Fort Leavenworth verließ, hatte die Erfahrung ihn zu dem Mann gemacht, der er für den Rest seines Lebens bleiben sollte. Sein Hass auf die Menschheit saß tief und so begann er, anderen etwas anzutun, bevor sie ihm etwas antun konnten. Sein lebenslanger Feldzug des Schreckens konnte endlich beginnen.

Kostenloses Hörbuch über wahre Verbrechen

Melden Sie sich bei Audible an und nutzen Sie Ihr kostenloses Guthaben, um diese Sammlung von zwölf Büchern herunterzuladen. Wenn Sie innerhalb von 30 Tagen kündigen, fallen keine Kosten an!

WWW.RYANGREENBOOKS.COM/ KOSTENLOSESAUDIOBUCH

„Ryan Green ist ein unglaublicher Geschichtenerzähler ... er erzählt nicht nur die Geschichte, er lässt den Leser einen Teil von ihr sein."

~Blackbird

WWW.RYANGREENBOOKS.COM/KOSTENLOSESAUDIOBUCH

Printed in France by Amazon
Brétigny-sur-Orge, FR

31237180R00099